Organizado por
Rejane Barragán

Da identidade ao propósito

Mulheres escolhidas — Da identidade ao propósito
Rejane Barragán (Organizadora)
© 2024 Publicações Pão Diário. Todos os direitos reservados.

Coordenação editorial: Adolfo A. Hickmann
Revisão: Céfora Carvalho, Marília Pessanha Lara, Jordânia Siqueira
Coordenação gráfica e de artes: Audrey Novac Ribeiro
Projeto gráfico e capa: Audrey Novac Ribeiro

Dados Internacionais de Catalogação na Publicação (CIP)

BARRAGÁN, Rejane (Organizadora)
Mulheres escolhidas — Da identidade ao propósito
Curitiba/PR, Publicações Pão Diário, 2024.
1. Vida cristã   2. Devocional   3. Mulheres   4. Identidade e propósito

---

Proibida a reprodução total ou parcial, sem prévia autorização, por escrito, da editora. Todos os direitos reservados e protegidos pela Lei 9.610, de 19/02/1998. Quando autorizada, a reprodução de qualquer parte desta obra deverá conter a referência bibliográfica completa. Permissão para reprodução: permissao@paodiario.org

Exceto quando indicado o contrário, os trechos bíblicos mencionados são da Bíblia Sagrada, Nova Versão Transformadora © 2016, Editora Mundo Cristão.

Publicações Pão Diário
Caixa Postal 9740,
82620-981 Curitiba/PR, Brasil
publicacoes@paodiario.org
www.publicacoespaodiario.com.br
Telefone: (41) 3257-4028

Código: Q7691
ISBN: 978-65-5350-480-6

1.ª edição: 2024

Impresso no Brasil

Agradecimentos

Com o coração transbordando de alegria e gratidão, quero expressar o quanto sou privilegiada por ter sido escolhida por Deus para compartilhar Seus sonhos comigo, ao me confiar a fundação e liderança do Movimento Mulheres Escolhidas, pelo qual tenho me conectado com mulheres incríveis, comprometidas com o Reino e que buscam, assim como eu, ter mais intimidade e obediência ao Pai.

São muitas pessoas que contribuíram para o meu crescimento espiritual e para que este devocional chegasse hoje em suas mãos, com o intuito de despertá-la para viver os propósitos de Deus, onde Ele a colocou. Creia, nada é por acaso!

Meu agradecimento especial vai para o meu amado esposo, Pr. Daniel Barragán, meu porto seguro e pilar de força e inspiração. Ele sempre acreditou em mim, me apoiou e suportou em amor, incentivando-me a compartilhar a minha fé com o mundo.

Aos meus filhos, Isabelle, Laura e David, as maiores bênçãos da minha vida, agradeço por sua alegria contagiante, por suas perguntas inteligentes e por me lembrarem diariamente da importância de cultivar uma fé autêntica e vibrante. Obrigada por entenderem meu ministério, minhas ausências e por me inspirarem e impulsionarem a ser uma pessoa melhor a cada dia.

Louvo a Deus pelas lideranças que influenciaram minha vida espiritual, neste momento representadas pelos estimados pastores Luiz Roberto Silvado e Natal Chabaribery, que tanto contribuem para que minha caminhada cristã seja crescente e frutífera.

Agradeço a cada mulher, escolhida por Deus, que ouviu Seu chamado, confiou na minha liderança e aceitou o convite a ser usada para, de forma muito generosa, compartilhar uma reflexão que, certamente, fará diferença na vida de muitas pessoas. Em especial, quero agradecer a Priscila Ferreira, que tanto me ajudou na organização deste projeto.

Ao longo da jornada da coordenação deste devocional, experimentei a graça divina em cada etapa, desde a concepção inicial, as parcerias com as coautoras, até a publicação final com a melhor editora, Ministérios Pão Diário.

E por fim quero agradecer a você, que é a razão de existir deste devocional. Que este livro seja um canal de cura para todos que o lerem. Que seja instrumento que traga esperança, conforto e inspiração para os corações que buscam a Deus. Que cada página seja um convite para uma jornada mais profunda de fé, amor e transformação e que toda honra e toda glória sejam dadas ao único digno de receber, Jesus! A Ele dedico cada página, cada palavra, cada testemunho e cada mensagem.

Com imensa gratidão,
Rejane Barragán

Prefácio

Antes de mergulhar nesta leitura, convido você a parar por um momento e refletir sobre algo que trará luz à sua vida: Quantas vezes você se viu confrontada com opiniões sobre a sua identidade e sentiu-se triste por elas invalidarem quem você verdadeiramente é? Pense sobre isso agora e traga à memória os momentos e pessoas que fizeram você se sentir dessa forma.

Esse exercício é importante para que você siga para as próximas páginas convicta da sua identidade e, principalmente, certa de que todas as mentiras contadas sobre você até hoje não estão alinhadas com o projeto que Deus sonhou para a sua vida. Sim, amiga, existe um projeto, um plano original, criado com amor em seus mínimos detalhes, e segundo este plano você não está aqui neste mundo à toa.

O plano original do Criador é perfeito. Em João 10:10, a Palavra diz que "O ladrão vem para roubar, matar e destruir", mas que Jesus veio para nos dar "uma vida plena, que satisfaz". Não importa o que você viveu até hoje, as marcas do passado ou as dores que você carrega. O plano original divino é preciso: eu, você, todas nós nascemos para ter uma vida plena. Essa promessa é válida para todo aquele que foi chamado segundo o Seu propósito e, principalmente, que obedece aos Seus mandamentos.

Eu passei anos de minha jornada vivendo em meio a disfunções que me distanciaram da promessa do Senhor e do que Ele havia planejado para mim. Mesmo conhecendo Jesus e a Sua Palavra, o orgulho distorcia as minhas falhas e me fazia ver uma perfeição que, na realidade, não existia em mim. Porém, quando entendi o plano original de Deus, percebi que precisava fazer o "caminho de volta". Tenho feito esse trajeto nos últimos tempos e Ele tem removido todas as mentiras nas quais eu acreditei por tanto tempo.

O plano original é tudo aquilo que foi pensado para a sua existência. Quando Deus a escolheu e a enviou para a Terra, Ele pensou em cada detalhe do seu corpo e da sua personalidade, cada particularidade foi desenhada pelas mãos do Autor da vida. E eu não acredito que Ele criaria alguém sem dar a essa pessoa um chamado real, um propósito a realizar.

É a esse chamado do Criador que Rejane Barragán está atendendo ao organizar e produzir esta obra com tanto cuidado, seguindo as orientações do Espírito Santo. Ela, assim como eu, reconhece sua identidade de filha de Deus e entende o seu chamado e propósito para estar à frente de milhares de mulheres, encorajando-as a viver por princípios e obediência diariamente, e irem para onde Deus lhes ordenar.

Em seu ministério de vida, testemunho e superação, Rejane segue plantando e colhendo esperança por meio de pessoas que estão sendo curadas, transformadas e despertadas para a honra e glória do Senhor. A Bíblia nos diz, em Mateus 7:20, que somos reconhecidos por nossos frutos. Por isso, estou certa de que Rejane seguirá se destacando pelos seus, e impactando ainda mais mulheres a viverem o extraordinário de Deus.

Este livro será um abraço acolhedor para todas que, assim como eu, decidiram viver com um propósito. Por isso, convido você a permanecer nesta leitura diária. Desejo que encontre o necessário para começar a escrever os melhores capítulos da sua história aqui. Que esta jornada de cura conduza você a um nível mais elevado de relacionamento com o Pai, marcado por coragem, verdade e muita humildade em seu coração.

Tenha uma ótima leitura,
Camila Vieira

CAMILA VIEIRA

É esposa do Paulo Vieira e mãe da Júlia, do Matheus e do Daniel. Mora em Barueri/SP e é membro da igreja Lagoinha Alphaville. Bacharel em Informática e Gestão avançada, pós-graduada em Finanças e Gestão empresarial. Também é escritora *best-seller* e atua como executiva e vice-presidente da Febracis (Escola de Negócios). *"Eu sou escolhida para treinar mulheres a descobrirem a sua real identidade e propósito e viverem uma vida plena e abundante."*

Sumário

Introdução 9

1. IDENTIDADE 15
    Quem somos nele *Rozane Barros*
    Sonda-me *Dani Kirsten*
    Identidade de Cristo versus identidade terrena *Carol Antonio*
    Descobrindo minha identidade resiliente *Fernanda Toporoski*
    Quem sou eu? *Ronilce Ferreira*

2. PATERNIDADE 29
    Como é bom ter um Pai! *Fernanda Proença*
    O Pai que me vê *Angélica Vieira*
    Podemos chamá-lo de Pai *Cristiane Lima*
    Sentindo-me filha amada de Deus *Angélica Oliveira*
    Pintando quadros com o Pai *Priscila Ferreira*

3. CURA EMOCIONAL 43
    Encarando novos ciclos *Regiane Jenkins*
    Sabotadores da alma *Cassiana Tardivo*
    Entre a dor e o amor *Carmen Chabaribery*
    Ressignificando traumas *Silvana Calixto*
    Falta de perdão, o veneno da alma *Laura Aragão*

4. CURA FÍSICA 57
    O processo da cura *Janete Cardoso*
    A cura revela o propósito *Bruna Fogaça Camargo*
    A sustentabilidade da cura *Joceli Pereira*
    Fé que cura *Fabiana Hilleshaim*
    O foco da cura é a glória de Deus *Mariana Neris*

5. INTIMIDADE 71
   A escolha certa *Giovanna Machiavelli*
   No dia da angústia *Zuleica de Sales e Silva*
   Discernindo a voz de Deus *Vanessa Almada*
   Até gerar intimidade *Kellen Madureira*
   Cura na presença *Vivienne Vilani Lima*

6. SANTIDADE 85
   Seja santa *Silvana Piragine*
   Uma busca diária *Tatiana Pinelli*
   Santa, eu? *Hedy Silvado*
   Um estilo de vida *Larissa Cesar*
   Escolhida *Silvana Monteiro*

7. OBEDIÊNCIA 99
   Entrega que gera obediência *Paula Maynardes*
   A chave para a vitória *Tânia Hirsh*
   Onde Deus quer que eu esteja *Angélica Favretto*
   Uma experiência de fé *Ariane Chabaribery*
   A linguagem de amor de Deus *Mércia Machado*

8. PROPÓSITO 113
   Lar, o meu primeiro propósito *Raquel Romagnoli*
   Fui chamada para servir *Gleyce Fardo*
   Embaixadoras de Cristo no trabalho *Emanuele Solyom*
   Chamadas para viver o propósito de Deus *Carmen Zdrojewski*
   O propósito da missão no Reino *Sonia Cardoso*

As autoras 126

Introdução

*Antes de formá-lo no ventre, eu o escolhi;
antes de você nascer, eu o separei
e o designei profeta às nações.*

JEREMIAS 1:5 (NVI)

Antes de falar sobre o Movimento Mulheres Escolhidas e o propósito deste livro, preciso contar que sou filha amada do Pai, colecionadora de milagres e escolhida para despertar mulheres para fazer a diferença onde Deus nos colocar. Hoje tenho convicção do meu chamado, porém nem sempre foi assim.

Partindo do pressuposto que milagre é uma intervenção sobrenatural de Deus em momentos de crise, quero compartilhar com você algumas das manifestações divinas em minha própria vida, pois estou certa de que o Senhor sempre cuidou de mim.

Tive uma infância conturbada, marcada por um lar espiritualmente dividido. Minha mãe sempre foi evangélica e, seguindo o conselho de Provérbios 22:6, fez questão de ensinar seus filhos no caminho do Senhor. Já meu pai era um católico não praticante, alcoolista e, por vezes, violento. Presenciei vários episódios de violência doméstica que me marcaram quando criança e voltaram a me assombrar na vida adulta. Aos 21 anos e já casada, sofri um acidente automobilístico quando retornava do velório do meu pai e fiquei paraplégica. Isso me deixou ainda mais vulnerável a todo tipo de violência do meu ex-marido, incluindo tentativas de homicídio. Como se não bastasse, descobri que vivia um relacionamento abusivo com um pedófilo.

Eu, que tinha tantos sonhos, não conseguia aceitar minha sentença de passar o resto da vida em uma cadeira de rodas e muito menos de me submeter a um relacionamento como aquele. Foi aí que busquei forças nas promessas do Senhor e me apeguei à resposta de Jesus aos seus discípulos: "Para o homem é impossível, mas para Deus todas as coisas são possíveis" (MATEUS 19:26 NVI). É claro que tive muitos questionamentos, crises de choro e de identidade, desespero e até o desejo de morte, mas nesses momentos eu lembrava a quem minha vida pertencia, me voltava novamente para as promessas do Senhor e orava, inspirada em Provérbios 3:5-8: "Senhor, confio em ti de todo o meu coração. Não me apoio em meu próprio entendimento, mas reconheço-te em todos os meus caminhos e sei que endireitarás as minhas veredas. Não quero ser sábia aos meus próprios olhos; afasta-me do mal, pois temo a ti e sei que isto será saúde para a minha alma, e vigor para os meus ossos".

Contrariando todos os prognósticos médicos, eu voltei a andar, ressignifiquei a minha dor e abracei a missão de lutar pela defesa dos direitos das mulheres, com atenção especial para crianças e adolescentes, vítimas de violência e pessoas com deficiências ou doenças raras. Faço isso pois reconheço que em meio à dor o Senhor me fortaleceu e acredito que minha história de superação pode ajudar outras pessoas.

Como Deus é maravilhoso e sempre tem o melhor para nós, Ele me tirou da cadeira de rodas, libertando-me dos sentimentos negativos que me rodeavam, e me concedeu uma nova chance de ser feliz, constituir uma família e serví-lo. Hoje sou casada com o Daniel há 20 anos, ele é pastor e verdadeiramente um homem segundo o coração de Deus. Temos três filhos abençoados. Deus restaurou minha vida e me deu um lar. Hoje posso declarar que "eu e a minha família serviremos ao SENHOR" (JOSUÉ 24:15).

Mas, como nem tudo são flores, um grande obstáculo surgiu no caminho: a pandemia de COVID-19. Tanto eu quanto meu esposo tivemos a doença de forma muito severa. Eu cheguei a ter 70% do pulmão comprometido e, mais uma vez, o milagre de Deus me alcançou. Depois de 14 dias lutando para sobreviver, na madrugada em que tive certeza de que havia chegado a minha hora, ouvi a voz do Espírito Santo dizer claramente: "Ainda não. Estou soprando oxigênio em seus pulmões, pois você será voz de uma multidão". Passei vários dias inconsciente, experimentei meu Peniel com Deus e recebi do Espírito Santo a revelação do propósito dele para a minha vida. Eu seria usada para dar voz aqueles que não são ouvidos, era chegado o momento de sair da minha zona de conforto e liderar um exército de mulheres separadas pelo Senhor, com dons e talentos que Ele mesmo deu, mas que estavam sem sentido em suas vidas por inúmeras questões. Foi aí que Deus me revelou o que viria a ser o Movimento Mulheres Escolhidas.

Fui lembrada de uma promessa que o Senhor fez quando eu ainda tinha 11 anos, de que eu levaria a palavra dele a muitos lugares e pessoas que nem imaginava. Anos mais tarde, já adulta, Ele me disse diante de um grande desafio: "Vá e faça o seu melhor, pois eu vou prover as pessoas, os recursos e as estratégias".

O objetivo do Movimento Mulheres Escolhidas é apoiar mulheres a resgatar sua real identidade em Cristo, encorajando-as a serem usadas pelo Senhor como instrumentos de paz, amor, restauração e justiça social onde Ele as colocar. Temos três pilares fundamentais:

1. ESPIRITUAL: Por meio de devocionais diários, mensagens e encontros virtuais, temos a oportunidade de conhecer mais o Senhor, buscar intimidade com Ele, trocar experiências, motivos de oração e assim fortalecer nossa fé. A liderança é estimulada e rotativa de acordo com a direção do Senhor e disponibilidade das líderes;

2. LIDERANÇA: Transmissões ao vivo, vídeos, encontros e programas em que entrevistamos mulheres que estão vivendo seus propósitos e fazendo diferença na comunidade. É um tempo para compartilhar experiências, vivências e estratégias de Deus que foram aplicadas em seus ministérios, negócios, trabalhos, famílias etc.

3. AÇÃO SOCIAL: Espaço para aprender, trocar experiências e, principalmente, contribuir e multiplicar as boas obras. As iniciativas podem ser tanto do grupo quanto individuais, mas o envolvimento sempre deve alcançar o coletivo.

Nosso versículo-chave está em Jeremias: "Eu o conheci antes de formá-lo no ventre de sua mãe; antes de você nascer, eu o separei" (1:5), e nosso símbolo é um colar com a palavra "escolhida", que usamos para presentear, reconhecer e honrar outras mulheres como exemplos de verdadeiras cristãs.

Iniciamos este movimento com sete mulheres e hoje, após dois anos, somos mais de 1.200 em vários estados brasileiros e também no exterior. Já estudamos mais de 30 livros, totalizando mais de 500 devocionais diários, e promovemos alguns encontros virtuais, transmissões ao vivo, ministrações, aconselhamentos e atos de bondade que abençoaram muitas vidas. Sempre cultivamos uma forte comunhão entre mulheres no Brasil e no mundo.

Depois dessas experiências diversas e tantos livros estudados em conjunto, o Senhor me desafiou a escrever o nosso próprio livro devocional. No começo eu relutei, dei todas as justificativas possíveis e me envolvi em outros projetos, até que participei, com um grupo de mulheres da Igreja Batista do Bacacheri (IBB), como coautora do devocional *Família: o extraordinário plano de Deus* (Discipular, 2023). Ali entendi que meu papel seria coordenar mulheres para escrever este devocional, e aqui estamos!

Após a direção do Espírito Santo, assumi com muita responsabilidade o compromisso de coordenar a produção deste material que com certeza chegará a lugares e pessoas que jamais alcançaríamos sozinhas. Por isso a fúria do inimigo, pois estamos saqueando o inferno. Vidas já estão sendo curadas, transformadas e despertadas para honra e glória de Jesus. Tudo isso porque ouvimos e obedecemos ao Seu chamado.

Sabe a promessa de que em tudo que eu fizesse dando o meu melhor para o Senhor, como orienta Colossenses 3:23, Ele iria prover as pessoas, os recursos e as estratégias? Então, este livro é prova disso!

O Senhor escolheu desde as coautoras, a prefaciadora que tanto admiro e pessoas que acreditaram no projeto, até você que está iniciando esta leitura/jornada. Ele está provendo os recursos, pois quando iniciei este projeto não tinha a menor ideia de onde viria o dinheiro, uma vez que o Movimento Mulheres Escolhidas não tem nenhuma fonte de receita. E o Senhor tem me surpreendido nas estratégias, desde o convite e aceite de cada mulher, até a organização e os "mimos" que Ele nos proporcionou no decorrer de cada etapa.

Os três pilares do Movimento estão sendo trabalhados neste projeto. O espiritual, quando se apresenta como uma literatura devocional, um instrumento que conduz a um tempo de intimidade com Deus. O da liderança, pois congrega mulheres que já exercem influência em suas denominações com aquelas que estão sendo despertadas para o seu propósito. E o social, uma vez que a renda dos livros será destinada a projetos sociais e evangelísticos.

Sabemos que somos falhas, imperfeitas, improváveis e pecadoras buscando santificação diariamente, mas nada ocorre por acaso. Deus tem um propósito específico para cada uma de nós. Somos seres únicos, exclusivos e incomparáveis, designados para servi-lo. Há coisas que apenas nós podemos realizar, à nossa maneira. Há lugares que somente nós podemos alcançar. Há milagres que apenas nós testemunharemos, desde que a confiança e obediência ao Senhor sejam praticadas.

Gosto muito do que Rick Warren diz em seu livro *Uma vida com propósitos: para que estou na Terra?* (Ed. Vida, 2022): "Toda vez que Deus nos dá uma missão, ele nos equipa com o que precisamos para realizá-la. A combinação sob medida de suas capacidades é a sua FORMA". Este é um acrônimo para as seguintes ideias:

> F: formação espiritual. Dons e talentos que Ele nos confiou;
> O: opções do coração. Aquilo que nos motiva e faz nossos olhos brilharem;
> R: recursos pessoais. Capacidades e habilidades que desenvolvemos;
> M: modo de ser. Nossa personalidade;
> A: áreas de experiência. Vivências, desafios e aprendizados que nos habilitam a ajudar outras pessoas.

Quero lembrá-la que a superação da sua maior dor pode ser transformada em esperança para outra pessoa. Hoje posso afirmar que me sinto muito privilegiada vivendo os sonhos de Deus e espero que este livro a encontre com o coração sensível para receber o que o Senhor preparou por meio de 40 mulheres escolhidas por Deus para escrever sobre as boas-novas do Senhor para você. Que a cada devocional o Espírito Santo ministre em sua vida.

Que esta jornada envolvendo identidade, paternidade, cura emocional e física, intimidade, santidade, obediência e propósito conduza você a um nível mais elevado de relacionamento com o Pai. Que você possa desfrutar da vida que Ele a criou para ter e que toda honra e toda glória sejam dadas a Ele, o único digno!

REJANE BARRAGÁN (organizadora)

Casada há 20 anos com o pastor Daniel Barragán, é mãe de três filhos: Isabelle, Laura e David. Mora em Curitiba e é membro da IBB. Graduada em Administração e Gestão da Informação, especialista em Gestão de pessoas, Gestão de programas, projetos e políticas públicas e em Educação em direitos humanos, mestra em Governança e sustentabilidade e embaixadora da *Interweave Solutions*. É também servidora federal, professora, palestrante, coautora e voluntária em diversos projetos e movimentos sociais. Na IBB, atua no Ministério Compaixão e Justiça e é líder fundadora do Movimento Mulheres Escolhidas. *"Eu sou escolhida para despertar mulheres a viverem os propósitos de Deus, onde Ele as colocar."*

Identidade

*Então Deus disse: Façamos o ser humano
à nossa imagem; ele será semelhante a nós. [...]
Assim, Deus criou os seres humanos
à sua própria imagem...*

GÊNESIS 1:26-27

Então Deus disse: Façamos o ser humano à nossa imagem; ele será semelhante a nós. [...] Assim, Deus criou os seres humanos à sua própria imagem, à imagem de Deus os criou; homem e mulher os criou. GÊNESIS 1:26-27

Em nossa sociedade, certamente já escutamos diferentes percepções a nosso respeito: quem somos, o que devemos fazer, como devemos nos comportar e, muitas vezes, as inúmeras limitações atribuídas ao nosso gênero. No entanto, como mulheres cristãs, precisamos sempre voltar a nossa atenção ao que Deus diz sobre nós, quem Ele quer que sejamos.

Olhando para a criação, constatamos que somos fruto da idealização de um Deus poderoso, que teve uma intenção clara ao nos formar. Deus criou o homem e a mulher a partir de um senso de igualdade que é manifestado em amor, valor, dignidade, competência e importância. No princípio, homem e mulher eram iguais em valor, diferentes entre si, mas complementares em suas funções e papéis a serem desempenhados.

Mas, com a entrada do pecado no mundo, os valores foram distorcidos e a visão primária de Deus para o homem e para a mulher ficou comprometida. O relacionamento feito para ser harmonioso, cheio da presença, graça e bondade de Deus, foi distorcido. Isso fez com que o companheirismo, a reciprocidade e a igualdade do primeiro casal fossem suplantados por processos que deram lugar à dominação masculina. É claro que esta dominação vem sendo exercida e influenciada pela Queda e traz danos severos a todos os envolvidos.

Como mulheres, precisamos sempre nos lembrar do propósito de Deus ao nos criar. Não podemos esquecer o que Ele quer de nós e quem somos nele. Quando Deus criou Adão e Eva, homem e mulher, masculino e feminino, macho e fêmea, Ele tinha propósitos claros e definidos. À Eva coube o papel de ajudadora, uma auxiliadora de Adão no cuidado e governo da Terra e da criação. No texto original, a palavra usada para descrever "auxiliadora" é *ezer*, que traz o sentido de ajuda, suporte.

Nós nascemos com o propósito de ajudar, auxiliar, cuidar e amar, e isto independe dos papéis que desempenhamos na sociedade ou das particularidades que cada uma de nós tem. Independentemente de nossa personalidade, jeito de ser, agir e se portar, temperamento, qualidades ou potencialidades, todas somos chamadas para glorificar a Deus na expressão da nossa feminilidade.

O desejo de Deus para nós é que cada uma desenvolva e execute as habilidades que Ele nos deu (dons, talentos, capacidades intelectuais e criativas) para cumprir o mandato cultural do Éden, cuidar da natureza e das pessoas, aproveitando todas as oportunidades para expandir Seu Reino e tornar Seu nome conhecido.

- LEIA: Gênesis 1–2
- EXAMINE: Gênesis 3
- REFLITA: Mulher, como você tem se enxergado diante do seu Criador? Você tem permitido que as palavras da sociedade soem mais alto do que o que Cristo diz a seu respeito? O que ainda precisa saber ou fazer para reconhecer quem você é nele?

Oração

Pai, ajude-me a reconhecer meu valor e identidade em ti, a expressar Teu amor a partir da minha feminilidade, de quem o Senhor me criou para ser. Auxilia-me a crer que, independentemente do meu temperamento, estilo ou personalidade, sou fruto das mãos de um Deus criativo que sonhou comigo e me criou para louvor da Sua glória, para que eu cumprisse o Teu propósito aqui. Amém.

ROZANE BARROS

É mãe da Júlia, membro da IBB e mora em Curitiba. Graduada em Pedagogia e doutora em Educação, é pedagoga na Rede Municipal de Curitiba. Na IBB atua como coordenadora da formação docente do Ministério de Educação Cristã e também das classes Pais e Filhos no Ministério Barbarakah: Filhos da Benção. *"Eu sou escolhida para propagar o evangelho e ministrar vidas a partir do ensino da Palavra de Deus."*

Examina-me, ó Deus, e conhece meu coração; prova-me e vê meus pensamentos. Mostra-me se há em mim algo que te ofende e conduze-me pelo caminho eterno. SALMO 139:23-24

Durante muitos anos, busquei lá fora o que precisava buscar dentro de mim. Eu me comparava com outras pessoas e queria viver a vida delas, não a minha. Sabe quando "a grama do vizinho parece mais verde"? Era assim que eu enxergava a realidade: tudo do outro era sempre melhor e maior, o outro era sempre mais inteligente ou próspero.

Eu vivia uma grande personagem e me envolvia em tantas histórias malucas e inventadas que ocasionalmente ficava perdida em minhas mentiras ou omissões. Eu precisava agradar a todos, falava o que os outros queriam ouvir por medo de não ser aceita, amada ou de me sentir rejeitada e abandonada. Mas a mentira não se sustenta por muito tempo, a omissão logo é revelada, e as máscaras caem.

Muitas pessoas encontram-se derrotadas pela arma psicológica que Satanás usa contra elas: a baixa autoestima. Essa arma diabólica provoca um sentimento de inferioridade, inadequação e insignificância que escraviza muitas pessoas, a despeito de suas maravilhosas experiências espirituais ou conhecimento da Palavra de Deus. A autorrejeição é o maior inimigo da vida espiritual, pois contradiz a voz sagrada que nos chama de "amados".

Ser amado constitui a verdade essencial de nossa existência. Quem não vive essa verdade é como um impostor, que se preocupa com aceitação e aprovação. Devido a necessidade sufocante de agradar os outros, são incapazes de dizer "não" com a mesma convicção que dizem "sim". Dessa forma, eles transformam pessoas, projetos e causas em extensões de si, motivados não pelo compromisso pessoal, mas pelo medo de não corresponder às expectativas.

O ponto essencial que precisamos estar dispostas a viver todos os dias é fazer do Senhor e de Seu imenso amor por nós elementos constitutivos de nosso valor pessoal. Convido você a definir-se radicalmente como alguém *amada* por Deus. O fato de Deus amá-la e escolhê-la é o que determina o seu valor.

Aceite essa verdade e permita que ela seja a mais importante de sua vida: a base do meu e do seu valor pessoal não é constituída por posses, talentos ou reputação, nem por reconhecimento de amigos e familiares, mas pela convicção de que somos *filhas amadas*.

Assim como em Salmo 139:23-24, temos que nos colocar à disposição de Deus todos os dias, para que Ele desperte em nós nossa real identidade. Ele sonda os nossos corações, tira tudo que não vem dele, limpa nossas feridas, dá vida aos vales de ossos secos e nos coloca em lugares altos. Quando Deus nos coloca em um processo, não é para que provemos nada a ninguém, mas para que possamos nos encontrar.

- LEIA: Salmo 139:13-16
- EXAMINE: Salmo 73
- REFLITA: Profetize todos os dias sobre a sua identidade, declare sobre a sua vida, sobre quem você é e quem nasceu para ser, não importa a hora nem o local. Quando se sentir cansada, desanimada, inferior, abandonada ou rejeitada, lembre-se: você é amada, é a semente que deu certo, foi planejada e escolhida por Deus para fazer grandes obras! Os Seus olhos estão em nossas raízes e Ele fará de tudo para nos curar. Prepare-se, pois o Dono do jardim está a sua espera.

Oração

Senhor, sonda o meu coração e retira tudo o que existe de ruim nele. Que sempre seja feita a Tua vontade e não a minha. Que o Espírito Santo prevaleça em minhas emoções e atitudes. Renova os meus pensamentos, e que eu diminua para que o Senhor cresça. Amém.

DANI KIRSTEN

É casada com Lauro Kirsten Júnior há 19 anos, mãe da Maria Vitória e do João Pedro. Mora em Curitiba e é membro da Primeira Igreja Batista (PIB Curitiba). Graduada em Direito, pós-graduada em Perfil comportamental, Comunicação e liderança, e *coach* pela *Florida Christian University* e Febracis (Escola de Negócios). "Eu sou escolhida 'para levar boas-novas aos pobres, [...] consolar os de coração quebrantado e para proclamar que os cativos serão soltos e os prisioneiros, libertos' (ISAÍAS 61:1)".

Identidade de Cristo
versus *identidade terrena*

*Logo, todo aquele que está em Cristo
se tornou nova criação. A velha vida acabou,
e uma nova vida teve início!*

2 CORÍNTIOS 5:17

Quando entregamos nossa vida a Cristo, iniciamos a busca por quem realmente somos nele, mesmo após a empolgação do primeiro amor. Comigo foi exatamente assim. Nesta difícil jornada de procura por uma nova identidade, somos confrontamos com o nosso "velho eu", carregado por todas aquelas crenças e costumes que sempre nos afastaram da presença divina. Durante esse caminho, temos de recalcular a rota várias vezes e não é difícil perceber que, em algumas situações, voltar ao ponto inicial é fundamental para seguir adiante.

O resumo desta caminhada pode ser representado por duas observações: iniciamos como pessoas falhas e pecadoras; e, durante esse processo, nossa fé e persistência nos fazem ficar mais próximas da vontade de Deus, a cada dificuldade ou pequeno avanço no acidentado terreno da vida.

Mas precisamos definir o que entendemos por identidade terrena. Em poucas palavras, podemos conceituar identidade como todas as nossas características, crenças, valores, experiências, habilidades, paixões e visão de mundo. Tudo isso nos faz diferentes uns dos outros, evidenciando nossa singularidade. Identidade também significa a maneira como nos posicionamos todos os dias e, principalmente, qual é o nosso propósito na vida. Tendo entendido essas verdades, é necessário sermos forjados, a fim de "virar a chave", encontrar e alinhar nossa vida com a perfeita vontade do Pai.

Em uma autoanálise, algumas perguntas são pertinentes para descobrirmos nossa verdadeira identidade em Cristo Jesus: *Quem sou eu? O que me define? Por que estou aqui? Para onde vou?* Podemos encontrar a resposta para essas e outras perguntas no melhor manual já escrito, a Bíblia Sagrada, que afirma que, por meio de Cristo Jesus, fomos constituídos como filhos de Deus. Fomos escolhidos por Ele antes da criação do mundo e somos Seus herdeiros. A eternidade nos espera, mesmo que o pecado nos ronde diariamente.

Entender o que Deus Pai tem determinado para nós é um processo difícil e muitas vezes doloroso, mas extremamente necessário para o encontro dessa nova identidade cristã. Uma vida de oração e intimidade com o Senhor é a chave da caminhada na qual descobrimos o nosso verdadeiro eu. Esta nova identidade em Cristo não deve ser apenas um rótulo ou uma posição teológica, mas o reflexo da profunda transformação em nossas vidas, sempre visando nos tornar mais parecidas como Jesus.

- LEIA: 2 Coríntios 5
- EXAMINE: Gálatas 2:20
- REFLITA: Se fomos redimidas do pecado e somos uma nova criatura, por que temos tanta dificuldade em descobrir nossa verdadeira identidade em Cristo Jesus? Quais marcas da identidade de Cristo você possui e como pode colocá-las em prática no seu dia a dia?

Oração

Querido e amado Pai, que eu possa experimentar a segurança do Teu amor e a certeza de que Tu estás comigo. Que a cada dia eu tenha mais intimidade contigo, negue a mim mesma e busque ser mais parecida com Jesus. Permite-me exercer e desfrutar da Tua boa, perfeita e agradável vontade em minha vida. Amém.

CAROL ANTONIO

É casada com Fernando Dalla Palma Antonio há 20 anos e mãe do Davi. Mora em Curitiba e é membro da IBB. Graduada em Administração de empresas, pós-graduada em Marketing e maquiadora profissional por vocação. Na IBB, é voluntária no Projeto Educa, atendido pelo Ministério de Compaixão e Justiça. *"Eu sou escolhida para liderar famílias por meio de pequenos grupos, buscando glorificar a Deus através do fortalecimento de relacionamentos discipuladores e da multiplicação de discípulos."*

Descobrindo minha identidade resiliente

Mas ele disse: "Minha graça é tudo de que você precisa. Meu poder opera melhor na fraqueza". Portanto, agora fico feliz de me orgulhar de minhas fraquezas, para que o poder de Cristo opere por meu intermédio. Por isso aceito com prazer fraquezas e insultos, privações, perseguições e aflições que sofro por Cristo. Pois, quando sou fraco, então é que sou forte. 2 CORÍNTIOS 12:9-10

Já se perguntou quem você se tornou em Cristo? Às vezes, em meio às lutas e desafios da vida, perdemos de vista nossa verdadeira identidade. Mas hoje vamos nos aprofundar na maravilhosa obra de transformação que Deus realiza em nós.

Imagine por um momento olhar no espelho e ver não apenas sua aparência física, mas enxergar a mulher que Ele está moldando dentro de você: alguém resiliente, fortalecida pela fé e transformada pelo amor divino. Essa é a identidade que você tem em Cristo Jesus.

Nos versículos citados, Paulo nos lembra de algo essencial: é em nossas fraquezas que o poder de Cristo se manifesta de maneira mais evidente. Quando reconhecemos nossas limitações e nos entregamos completamente à graça de Deus, experimentamos uma transformação extraordinária. É nos momentos de fragilidade que descobrimos a força que vem do alto e nos capacita a enfrentar qualquer desafio que se apresente em nosso caminho.

Querida amiga, suas fraquezas não são motivo para desespero, mas oportunidades para a manifestação do poder divino em sua vida. Ao invés de esconder suas imperfeições, regozije-se nelas, pois é por elas que você testemunhará o milagre da graça de Deus agindo em sua jornada.

Assim como uma joia lapidada pelo ourives, você está sendo refinada pelas amorosas mãos do Pai celestial. Cada experiência, desafio e lágrima derramada tem um propósito divino em sua vida. Não tema as dificuldades, pois é nelas que você descobrirá a profundidade do amor de Deus.

Quando olhamos para a cruz, vemos o supremo sacrifício de amor realizado por Cristo em nosso favor. Ele deu Sua vida para que pudéssemos viver em plenitude, liberdade e identidade no Senhor. Que esse amor nos impulsione a viver dignas do chamado que recebemos, confiantes de que somos amadas, valorizadas e transformadas pelo poder da cruz.

Que ao longo desta jornada de fé você continue a crescer na graça e no conhecimento de nosso Senhor e salvador Jesus Cristo. Lembre-se sempre de quem você é nele: uma mulher amada, escolhida e transformada para a glória de Deus. Que a paz e a alegria do Senhor encham seu coração hoje e sempre.

- LEIA: Filipenses 4:13
- EXAMINE: 2 Coríntios 12:1-10
- REFLITA: Como você tem experimentado a suficiência da graça de Deus em meio às fraquezas? Relembre um período de vulnerabilidade em sua vida em que a força de Cristo se manifestou. De que maneira sua identidade em Cristo tem influenciado suas ações e decisões diárias? Reflita sobre como esse entendimento tem transformado sua maneira de encarar os desafios e oportunidades.

Oração

Pai celestial, agradeço-te por me amar de maneira incondicional e me transformar diariamente à semelhança do Teu Filho Jesus Cristo. Ajuda-me a abraçar minha identidade em ti com gratidão e humildade, confiando no Teu poder que se aperfeiçoa em minha fraqueza. Capacita-me a viver de modo a refletir Teu amor e graça, para que por meu intermédio outros possam ver a Tua luz. Em nome de Jesus, amém.

FERNANDA TOPOROSKI

É casada com Guilherme Toporoski há 11 anos e mãe de três meninos: Pedro, Davi e João. Mora em Curitiba e é membro da IBB. Atua como leiloeira oficial e conselheira de instituições envolvidas com o bem-estar e proteção infantil. Na IBB, é vice-presidente da ABC Vida e líder do ministério de empresários Primeiro o Reino. "Eu sou escolhida para amar intensamente e servir com entrega. Sigo os passos de Cristo, aprendendo a amar Seus filhos com profundidade e pureza. No amor encontro a força que molda o futuro das crianças, fazendo uma diferença que ressoa eternamente."

Quem sou eu?

> *Pois todos vocês são filhos de Deus por meio da fé em Cristo Jesus. [...] foram unidos com Cristo [...] se revestiram de Cristo. [...] E agora que pertencem a Cristo, são verdadeiros filhos de Abraão, herdeiros dele segundo a promessa de Deus.* GÁLATAS 3:26-29

Estudiosos das ciências humanas têm se dedicado a resolver a questão existencial da identidade. As vivências salutares ou traumáticas dos seres humanos causam lembranças que marcam a alma e, consequentemente, definem seu comportamento. Quando a identidade está obscura e ambígua, os traumas se sobressaem, definindo a forma e padrão de vida a partir de então.

A Palavra de Deus traz exemplos de mulheres marcadas por situações que definiram seus comportamentos. Podemos destacar Ana, que vivia com amargura de alma por ser estéril (VEJA 1 SAMUEL 1:8-10); a mulher samaritana, que era estigmatizada socialmente por sua prática relacional (VEJA JOÃO 4:4-6); e a judia Ester, que mesmo sendo rainha, não estava livre da sentença de morte imposta ao seu povo.

Note que cada uma destas mulheres trazia em sua biografia experiências vivenciadas, traumáticas ou não, que marcaram suas identidades e formaram seus comportamentos assertivos e transformadores.

Ana vivia angustiada e com o espírito amargurado por não ser mãe, e ainda sofria com o preconceito dessa condição perante a sociedade. A mulher samaritana, também discriminada socialmente, tinha uma rotina com horários preestabelecidos e era vista como alguém a se manter distância. A rainha Ester teve a oportunidade de transformar a história das futuras gerações quando foi alertada por seu tio com relação à sua descendência, e assim impediu o massacre dos judeus.

Observe que todas essas mulheres passaram por algo que transformou quem elas eram e trouxe um novo significado aos traumas do passado: elas encontraram sentido para viver e ressignificaram suas identidades em Deus. Ana e Ester buscaram auxílio aos pés de Deus, em oração, e a mulher samaritana encontrou-se com Jesus, tornando-se a primeira missionária entre os samaritanos.

O texto de Gálatas destacado acima traz solução às nossas dúvidas existenciais e mostra que, em Cristo, tudo o que estava perdido, confuso e sem orientação ou propósito encontra sentido, passa da separação preconceituosa à unidade em harmonia, do desamparo e abandono à herança de filiação eterna.

- LEIA: Gálatas 3:26-29; 4:1-7
- EXAMINE: João 4:4-6; 1 Samuel 1:8-10
- REFLITA: O que a define? Você tem permitido que marcas do passado qualifiquem ou determinem sua identidade? Quais são elas? Que mudanças você precisa fazer atualmente para se posicionar como filha amada de Deus?

Oração

Querido e amado Deus, reconheço que tenho permitido que marcas do passado definam minha identidade e minhas práticas. Confesso que esses traumas trazem dores à minha alma e que tenho dificuldades para lidar com elas. Preciso do Teu perdão, da Tua ajuda e misericórdia. Em nome de Jesus, amém.

RONILCE FERREIRA

Mora em Curitiba e é membro da IBB. Graduada em Psicologia, Pedagogia e Educação religiosa, e especialista em missões. Atuou como missionária coordenadora estratégica da Junta de Missões Nacionais (JMN) em Curitiba até 2017 e no ano seguinte assumiu, como ministra, o pastoreio da Igreja Batista Esperança Viva em Colombo, uma congregação da IBB. *"Eu sou escolhida como missionária para plantar igrejas e transformar vidas com a mensagem do Evangelho."*

Notas:

Notas:

Paternidade

Mas, a todos que creram nele
e o aceitaram, ele deu o direito de
se tornarem filhos de Deus.

JOÃO 1:12

Como é bom ter um Pai!

"Eu vou subir para meu Pai e Pai de vocês, para meu Deus e Deus de vocês." JOÃO 20:17

A figura paterna é importantíssima na vida de qualquer pessoa. O pai é o primeiro amor da menina. Mas, infelizmente, eu me senti rejeitada pelo meu.

Meu avô faleceu quando meu pai tinha três anos de idade. Quando eu nasci, ele não sabia nada sobre criação de filhos e repetiu comigo a educação rígida que recebera. Passei minha infância tentando atrair a atenção e o amor dele, mas sem sucesso. Então, na adolescência eu me desencantei com o meu pai, desprezei-o em meu coração e passei a buscar fora de casa esse amor paterno que tanto desejava.

Embora ainda não soubesse, eu não estava alheia aos olhos do nosso Pai celestial, que me acompanhava de longe (VEJA JEREMIAS 23:23). Uma amiga especial, cuja família cuidou de mim e me ensinou a andar na fé, me apresentou Jesus. Seu pai, que era pastor da igreja onde me converti, foi especialmente importante nessa fase. Lembro-me de quando eu e ele oramos ajoelhados no tapete da sala e então, ao final, ele me ofereceu sua paternidade. Ali começou o processo da cura do meu coração.

Essa experiência me ajudou a começar a entender o objetivo de Deus em nos dar um pai terreno: apontar para a Sua paternidade celestial. Aos poucos, fui sentindo que já era amada e aceita pelo amor do Pai celestial. Em Romanos 8:28, Paulo diz que "Deus faz todas as coisas cooperarem para o bem daqueles que o amam" e, quando olho para trás, vejo que a falta desesperada por amor paterno que eu tinha em minha alma foi justamente o que me levou até Ele. Aleluia! Sentindo-me amada e aceita, pude perdoar o meu pai, cuidar dele em seus dois últimos anos de vida e até curtir momentos juntos, vendo ele ser o vovô da minha filha.

De todos os maravilhosos e incomparáveis atributos de Deus, o mais especial para mim é a Sua paternidade. Tenho desfrutado de Seu amor incondicional e bênçãos paternais. Aprendi a confiar nele de todo meu coração, sabendo que Ele quer o melhor pra mim, mesmo em meio a dor e sofrimento. Por isso, quando enfrentei um câncer recentemente, tive coragem, fé e gratidão. Ah, como é bom ter um Pai! Ainda mais quando Ele tem um amor tão puro, verdadeiro e fiel.

Sinto muita gratidão a Deus Pai por ter nos dado Jesus, nosso Salvador. E também sou grata a Jesus por ter nos dado acesso ao verdadeiro Pai. Deus deseja se relacionar conosco. Ele quer ser o nosso Senhor, mas principalmente nosso Pai. Que possamos buscar esse relacionamento amoroso entre um Pai e Seus filhos, pois "Estamos certos de que ele nos ouve sempre que lhe pedimos algo conforme sua vontade" (1 JOÃO 5:14).

- LEIA: João 1:12

- EXAMINE: 1 João 3:1-24

- REFLITA: Você percebe o amor de Deus sendo direcionado especialmente a você ou se vê apenas como parte de uma multidão, debaixo de um amor impessoal? Você está disposta a buscar a paternidade amorosa e pessoal de Deus Pai?

Pai querido, eu te agradeço de todo o meu coração por teres me atraído para o Teu grande amor paternal. Oro, em nome de Jesus, para que o meu coração permaneça em ti por toda a minha vida e que eu possa amar ao próximo com o Teu amor divino. Amém.

FERNANDA PROENÇA

É casada com Rogério Proença há 28 anos e mãe da Julia. Mora em Curitiba e atua como executiva de contas na Posigraf. É membro da IBB, serve no ministério infantil e faz parte do grupo de oração Desperta Débora: Mães de joelhos, filhos de pé. *"Eu sou escolhida para interceder ao Senhor pelo Seu povo, para que Ele faça a Sua vontade."*

O Pai que me vê

*"Como o senhor sabe a meu respeito?",
perguntou Natanael. Jesus respondeu: "Vi você sob
a figueira antes que Filipe o chamasse".* JOÃO 1:48

Esse texto fala sobre Natanael, considerado por Jesus "um verdadeiro filho de Israel, um homem totalmente íntegro" (JOÃO 1:47), que gostava de meditar e orar debaixo de uma figueira, pois a árvore era confortável e aconchegante. Natanael estudava a Palavra, mas tinha dúvidas em seu coração, que provavelmente estavam presentes em suas orações naquele lugar. Será que Deus realmente o ouvia? A salvação viria conforme prometido na Palavra? Quando Jesus o encontra e elogia, ele estranha por nunca tê-lo visto, e pergunta: "de onde você me conhece?". Cristo diz que o viu embaixo da figueira e então ele entende que não estava sozinho, mas que o Pai estava com ele e aquela era a resposta para a sua busca.

Em muitas ocasiões nos imaginamos no lugar de Natanael, questionando se o Pai realmente nos vê e ouve as nossas orações. Isso me lembra a história de uma família que passou por um incêndio em sua residência, relatada no livro de Elizabeth Lukas, *Psicologia Espiritual* (Paulus, 2002). Durante o aumento das chamas, todos correram para fora da casa, mas logo perceberam estarrecidos que o caçula não estava com eles. Em meio ao desespero com as fortes chamas, o menino de apenas cinco anos subiu para o andar superior e começou a gritar por socorro. O pai o avistou e gritou: "Pule, meu filho!". A criança, que só via fumaça e labaredas, disse que não o via, ao que ele respondeu: "Mas eu te vejo e isso basta. Pula!". Então o filho saltou e caiu são e salvo nos braços do pai.

Eu já passei por momentos em que duvidei da presença do Pai celestial comigo, pois meu pai terreno, devido à dependência do álcool e sensação de não ser amado por sua família, não foi exemplar. De fato, eu não o amava nem confiava quando ele dizia que iria mudar. Meu pai não conseguia cumprir promessas e isso me levou a enxergar Deus como alguém poderoso demais para perder o Seu tempo com uma simples garota. Eu pedia ao Senhor que mudasse o coração do meu pai terreno, mas da boca para fora, pois não cria que Ele realmente pudesse fazer isso.

Certo dia, Ele falou comigo de forma intensa: "Você pede que eu mude o coração do seu pai, mas quero começar pelo seu". A partir dali, minha oração mudou para: "Deus, muda o meu coração em relação ao meu pai, conceda-me o Teu amor para que eu possa olhar para ele como o Senhor olha". E, quando eu menos esperava, meu pai teve um encontro com Deus e mudou completamente de vida, tornando-se o meu "superpai".

Hoje percebo a presença de Deus ao longo da minha trajetória, pois mesmo nos momentos em que eu só enxergava "fumaça", Ele me via. O meu Pai me via e isso me bastava. E, quando me lancei em seus braços, Ele mudou o meu presente e futuro.

- LEIA: João 1:43-51

- EXAMINE: Salmo 139:1-10

- REFLITA: Se você está passando por alguma situação em que não vê saída, mas somente "fumaça", saiba que o Pai a vê e providenciará o socorro. Apenas se jogue em Seus braços de amor e seja fortalecida nele.

Oração

Senhor, obrigada por Tua Presença em minha vida. Mesmo nos momentos difíceis em que não consigo ver-te com meus olhos espirituais, sei que nunca me deixarás sozinha, e isso me basta. Eu me lanço em Teus braços com essa certeza em meu coração, pois sei que Tu cuidarás de mim. Amém.

ANGÉLICA VIEIRA

É esposa do pastor Edemilson Vieira há 21 anos, mãe da Fernanda e do Nicolas. Mora em Curitiba e é membro da IBB, atuando na área de discipulado. Graduada em Teologia, estudante de Psicologia e consultora do *Career Direct*, foi missionária na Jocum-Rio até 1998, onde serviu como discipuladora na Escola de Treinamento e Discipulado (ETED). *"Eu sou escolhida para gerar transformação, investindo em pessoas para que desfrutem da vida abundante que o Senhor nos prometeu em João 10:10."*

Podemos chamá-lo de Pai

Mas, quando orarem, cada um vá para seu quarto, feche a porta e ore a seu Pai, em segredo. Então seu Pai, que observa em segredo, os recompensará. [...] Portanto, orem da seguinte forma: Pai nosso que estás no céu, santificado seja o teu nome. MATEUS 6:6,9

Quais lembranças da infância marcaram sua vida?

Eu me lembro de chamar meu pai e lhe pedir um copo d'água nas noites escuras e amedrontadoras. Essa era a minha estratégia, pois eu sabia que ele viria prontamente. Também tenho memórias dos invernos rigorosos na cidade da minha infância, Lapa (Paraná), noites muito frias em que eu pedia que meu pai aquecesse meus pezinhos congelados. Recordo ainda das longas caminhadas, em que o cansaço e a dor chegavam e então eu pedia: "Pai, me leva no 'cangote'?", e ele levava sempre com muita disposição. Como era maravilhoso sentir o cuidado dele!

Nossas experiências com nosso pai biológico podem interferir em nosso relacionamento com o Senhor. Para algumas pessoas, é difícil pensar em Deus como uma figura paterna devido a vivências traumáticas de agressão, negligência ou ausência.

Independentemente da experiência que você teve com o seu progenitor, meu convite é que possamos aprender juntas com os ensinamentos de Jesus. Que por meio da experiência de buscar a Deus e sermos consoladas pelo Espírito Santo, consigamos fazer uma pausa intencional para orar, abrir o coração ao Pai e entregar a Ele tudo o que nos preocupa. Que possamos em segredo ter momentos de gratidão, confissão de pecados e ação de graças a Deus pela bênção de sermos perdoadas e podermos orar por outras pessoas com a confiança de que nosso Pai Celestial nos escuta.

Chame o Pai, pois Ele ama você e prontamente a ajudará. Ele nos dá a oportunidade de sermos Suas filhas amadas, pois "a todos que creram nele e o aceitaram, ele deu o direito de se tornarem filhos de Deus" (JOÃO 1:12).

Aproxime-se do Senhor e confie. Ele deseja escutar os seus medos. O pai é aquele que aquece o nosso coração em dias frios e nos carrega no colo em momentos de dificuldade ou quando estamos com os pés cansados. Sim, podemos chamar Deus de Pai.

- LEIA: Mateus 6:5-13
- EXAMINE: Mateus 7:7-11
- REFLITA: Como está seu tempo de oração? Você tem buscado um relacionamento pessoal com Deus? Precisamos de disciplina e intencionalidade em nossa vida de oração.

Oração

Pai querido, a ti entrego os meus medos. Aquece o meu coração com o Teu amor para que eu me sinta amada e ame os que estão ao meu redor. Fortalece a minha fé para que eu clame por Tua ajuda nos dias de angústia e sofrimento, mas também seja grata pelos Teus presentes preciosos de cada dia e perceba a Tua boa mão cuidando de mim nos mínimos detalhes. Em nome de Jesus Cristo, amém.

CRISTIANE LIMA

É esposa do Marcos Mattar Lima há 20 anos e mãe da Melissa. Mora em Curitiba e é ministra da Igreja Batista Lindóia (IBL). Graduada em Teologia e Ciências Contábeis, pós-graduada em Humanização e Cuidados Paliativos e mestre em Teologia. Atua como capelã hospitalar e é missionária da Convenção Batista Paranaense pela Junta de Missões Estaduais. *"Eu sou escolhida para apascentar."*

Sentindo-me filha amada de Deus

Mas, a todos que creram nele e o aceitaram, ele deu o direito de se tornarem filhos de Deus. JOÃO 1:12

As muitas dificuldades que vivi com meu pai terreno refletiram diretamente em meu relacionamento com Deus. Apesar de ter nascido em um lar cristão e viver na igreja, eu não conseguia conceber o amor divino como algo paternal. Só pude me sentir cuidada e amada aos 34 anos, após perdoar totalmente meu pai e pedir perdão a Deus e a ele por minha rebeldia e falta de submissão como filha.

Outro fator decisivo foi ter buscado no Senhor a cura da minha identidade, já que até então, assim como Marta (VEJA LUCAS 10:38-42), eu a pautava em *fazer*, e não em *ser*. Isso me acarretou ansiedade, estresse, depressão e outros problemas de saúde. Eu achava que seria amada e aceita se fizesse tudo certo, mas nunca conseguia, pois estava sempre cansada e frustrada por não alcançar a perfeição. O perfeccionismo me escravizava, mas Deus me resgatou e libertou.

Hoje, como mãe, consigo experimentar um pouco desse amor incondicional e imensurável de Deus, pois meu amor de mãe não está pautado na performance dos meus filhos, embora eu me alegre quando eles fazem a minha vontade. Finalmente consegui deixar de ser Marta e comecei a escolher a boa parte, como fez Maria. Finalmente encontrei descanso, deleite e satisfação nele. E como é bom viver isso!

Quem nunca sonhou em ser herdeira, ter um pai que cuida de tudo e nunca precisar se preocupar com nada? Bom, conforme Paulo disse aos cristãos da Galácia, nós temos esse Pai e somos Suas herdeiras: "Agora você já não é escravo, mas filho de Deus. E, uma vez que é filho, Deus o tornou herdeiro dele" (GÁLATAS 4:7). E quanto mais formos dele, mais Ele será nosso.

Temos um Pai que anseia por cuidar de nós. Se estivermos com sede, Ele faz jorrar água da rocha; se estivermos com fome, Ele manda maná dos céus; se quisermos carne, Ele manda codornizes; se sentirmos calor, Ele manda sombra; se estivermos com frio, Ele provê colunas de fogo; e, se estivermos sem saída, Ele abre o mar (VEJA ÊXODO 16-17; 13:21-22; 14:15-31). Não há nada que Deus não possa fazer, o nosso trabalho é somente descansar nele.

Fico imaginando se meu filho de quatro anos parasse de dormir à noite, preocupado se teria comida, água, roupas e brinquedos no dia seguinte. Seria um desperdício que ele deixasse de brincar e descansar para se preocupar com essas coisas. Mas muitas vezes é exatamente isso que fazemos, deixando de aproveitar a boa parte da vida.

Como é bom se sentir satisfeito! Encontrar contentamento e satisfação em Deus nos permite descansar, regozijar e encontrar a verdadeira felicidade nesta vida. Isso faz que não queiramos nada mais além dele.

Como é bom se deleitar! Não há nada melhor do que encontrar prazer e deleite na presença do Senhor. As crianças encontram paz e segurança nos braços dos pais e os bebês choram quando estes se ausentam. Portanto, que sejamos sempre como eles, almejando o colo do nosso Pai.

- LEIA: João 1:10-18
- EXAMINE: Mateus 5:48; Mateus 6:9-15; 1 João 3:1.
- REFLITA: O que a impede de se encontrar nesse lugar de filha amada de Deus? O que você pode fazer hoje, de forma prática, para viver nesse lugar de amor, cuidado, descanso, satisfação e deleite em Deus?

Oração

Santo Espírito, revela-me o que ainda preciso fazer para me sentir como filha amada. Ajuda-me a crer em Jesus e aceitá-lo como meu único e suficiente Salvador. Cura minha identidade e noção de paternidade. Ajuda-me a perdoar todos que me ofenderam, principalmente meus pais e demais figuras de autoridade em minha vida. Vem sobre mim com Tua cura e restauração. Quero ser verdadeiramente filha e usufruir de toda a herança que Tu tens para mim aqui e em toda a eternidade. Amém.

ANGÉLICA OLIVEIRA

É esposa do Willian Oliveira há 12 anos e mãe do Henri e do Viccenzi. Mora em Curitiba e foi missionária dos 7 aos 15 anos em Mineiros, interior de Goiás. Graduada em Direito, pós-graduada em Direito Constitucional, Administrativo e Tributário, atua como professora na Universidade da Famíla (UDF). É membro da PIB, onde serve nos ministérios de aconselhamento e família. *"Eu sou escolhida para ajudar servas a sentirem que são filhas amadas de Deus."*

Pintando quadros com o Pai

Pois nós somos colaboradores de Deus, e vocês são lavoura de Deus e edifício de Deus. 1 CORÍNTIOS 3:9

No dia das mães de 2017, meus filhos tinham quatro e cinco anos. Na comemoração ganhamos uma tela e alguns potinhos de tinta guache para fazer uma pintura. Eles logo pegaram as tintas vermelha e verde e começaram a fazer pontos em nossa arte. Olhando para o que tinham feito, percebi que podíamos desenhar uma árvore. Peguei levemente em seus dedinhos para construirmos uma copa com frutos e em seguida os auxiliei a criar um tronco.

Eles se lambuzaram tanto que precisaram lavar as mãos e aproveitei para pintar a luz do sol enquanto faziam isso. Quando eles voltaram, ficaram radiantes com a obra-prima que tínhamos feito. Nós a colocamos em uma moldura e até hoje ela é um dos quadros que embelezam a nossa casa. Naquele dia, meu cuidado e amor de mãe transformaram os pontinhos dos meus filhos em uma linda pintura e, mais do que isso, em uma gostosa memória vivenciada por nós três.

Deus faz o mesmo conosco, Ele nos convida a "pintar quadros". Em 1 Coríntios 3:9, Paulo ensina que somos chamadas a colaborar, ou cooperar (NVI), na obra que Ele preparou de antemão para nós. Não temos que fazer nada sozinhas. Nossos feitos devem ser realizados em cooperação com o Senhor, pois a obra é dele. Não há motivos para nos sentirmos desamparadas, sozinhas ou incapazes, pois o nosso Pai está conosco.

Às vezes não sabemos como começar as diversas "pinturas" da vida, mas Deus, com Seu atento olhar paternal, segura levemente em nossas mãos e transforma nossos pontinhos desconexos em uma linda paisagem. Você já teve a experiência de enviar uma simples mensagem de bênção e depois saber que aquilo transformou o dia de quem a recebeu? Ou ainda de fazer uma rápida visita a alguém e essa pessoa ter se sentido amada? Isso é o Pai conduzindo nossos dedinhos pela pintura.

Nosso Pai de amor nos faz enxergar a obra de arte que podemos pintar, mesmo quando nos julgamos pequenos e incapazes para isso. Você se lembra de ter abençoado alguém com palavras que jamais imaginou conseguir dizer? Ou se dispor a servir em uma área que não tinha muita experiência e, com o tempo, ouvir elogios e agradecimentos sobre sua atuação? O Pai celestial nos capacita para a obra, Ele limpa as tintas dos nossos dedos e faz com que continuemos a pintar, apesar dos desconfortos no caminho.

E o melhor: é Deus quem dá o toque final na pintura. Ele coloca o brilho do sol em nossa tela e transforma nosso quadro, mesmo quando o fazemos com tintas simples e em condições inadequadas, tornando esse lindo momento uma memória eterna, vivenciada entre Pai e filha.

- LEIA: 1 Coríntios 3

- EXAMINE: Efésios 2:4-10

- REFLITA: **O Pai celestial a escolheu para cooperar com Ele, tanto nas grandes quanto nas pequenas coisas. Pare e reflita sobre o que você tem feito dentro ou fora de casa, suas dificuldades, desafios e conquistas. Coloque-se diante do Pai, peça sabedoria para que você possa desfrutar da obra de arte que tem construído e prepare-se para vivenciar momentos preciosos de colaboração entre Pai e filha.**

Oração

Pai querido, creio que sou Tua filha, que Tu tens o melhor pra mim e não me desamparas. Ainda que eu me sinta pequena e incapaz, sei que posso fazer grandes coisas, pois Tu estás comigo. Ajuda-me a crer que Tu, o poderoso Senhor, seguras minha mão em todos os momentos e que, em cooperação contigo, posso construir uma grande obra-prima. Amém.

PRISCILA FERREIRA

É esposa do pastor Marcos Paulo Ferreira há 24 anos, mãe do Samuel e da Sophia. Mora em Curitiba, é graduada e pós-graduada em Direito e atua como analista processual no Ministério Público Federal. Na IBB, serve nos ministérios de família e mulheres e é supervisora de Pequenos Grupos Multiplicadores (PGMs). *"Eu sou escolhida para auxiliar mulheres e famílias a caminharem junto com o Pai."*

Notas:

Notas:

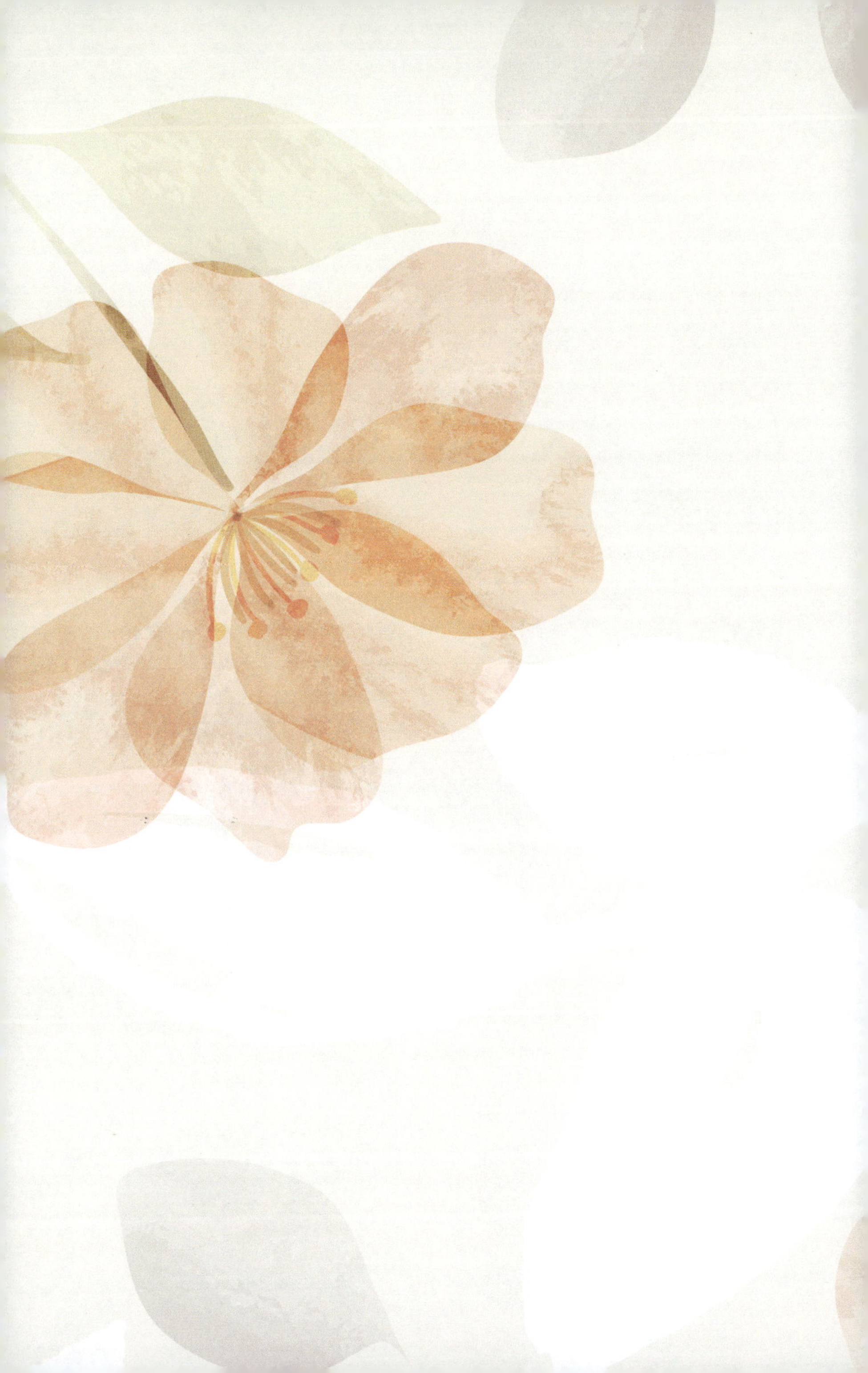

Cura emocional

Não tenha medo, pois estou com você;
não desanime, pois sou o seu Deus.
Eu o fortalecerei e o ajudarei; com minha
vitoriosa mão direita
o sustentarei.

ISAÍAS 41:10

Encarando novos ciclos

Rute respondeu: "Não insista comigo para deixá-la e voltar. Aonde você for, irei; onde você viver, lá viverei. Seu povo será o meu povo, e seu Deus, o meu Deus. RUTE 1:16

O livro de Rute retrata a vida de Noemi e suas duas noras moabitas, Orfa e Rute, as quais foram bondosas tanto para seus esposos quanto para sua sogra. Podemos inferir que tudo corria bem e que elas tinham um ciclo de vida normal. Contudo, essas três mulheres viveram grandes perdas: Noemi precisou lidar com o luto pela perda de seu esposo e dois filhos, e Orfa e Rute com a morte de seus maridos.

A palavra hebraica traduzida como viúva é *almanah*, que significa solidão ou abandono, reflexo da sociedade patriarcal em que viviam. De forma abrupta, elas se viram obrigadas a encerrar um ciclo, numa época em que o desamparo e a necessidade marcavam a realidade das mulheres que perdiam maridos ou filhos. Agora elas entrariam em um novo tempo e precisariam ter coragem para seguir adiante.

Por orientação de Noemi, Orfa retornou à casa de sua mãe, possivelmente com a esperança de receber apoio familiar e se preparar para um novo casamento. Rute, porém, decidiu seguir com sua sogra, expressando amor e lealdade não só a ela, mas também a Deus. No fim da história, ela se casa com Boaz, seu resgatador e um homem de muitos bens, e ainda recebe a bênção de ser bisavó de Davi, geração de onde viria o único que é digno de toda a honra: Jesus Cristo.

E você, já se viu num ciclo em que as coisas estavam indo muito bem, mas subitamente tudo mudou? O luto não ocorre somente com a perda de uma pessoa próxima, mas cada vez que um sofrimento surge, seja pelo falecimento de alguém, o fim de um relacionamento ou trabalho, a amputação de uma parte do corpo ou a perda de um sonho. Mas, acima de tudo, ele também é sinal de que um novo tempo está por vir.

Só podemos viver um novo ciclo quando fechamos o anterior. É preciso coragem e superação para voltar a sonhar, ser forte e ver o novo como um desafio em que, com a graça de nosso Pai, sairemos vencedoras. A história de Rute representa uma ponte entre o Antigo e o Novo Testamento, entre um ciclo anterior, que começou com uma viúva moabita, e o próximo, que culminou no nascimento de nosso Salvador Jesus.

Talvez você se questione, entristeça e não entenda muito bem as lutas pelas quais está passando. Mas o Senhor não a chamou para estagnar e se apegar ao velho, muito menos para pensar o que teria acontecido se o passado fosse diferente. Jogue fora as vestes antigas e vista as novas! Declare em voz alta que você foi chamada para ser ponte de libertação para a sua descendência e que recebe as bênçãos que o Senhor tem para vocês.

- LEIA: Rute 1–4
- EXAMINE: Isaías 43:18-19
- REFLITA: Mulher, onde você se encontra? Encerre todos os ciclos antigos que permanecem abertos para que consiga viver o novo tempo que o Senhor já preparou para você. Marche em direção ao novo, não pare!

Oração

Soberano Deus e Pai, eu entrego a minha vida a ti. Despeço-me dos ciclos antigos, entrego os meus medos, minha inércia, minhas angústias e dúvidas, e declaro que estou pronta e forte para viver com o Senhor todos os novos ciclos já preparados para mim por Jesus. Amém.

REGIANE JENKINS

É esposa do pastor Luiz Eduardo Croesy Jenkins há 24 anos e mãe do Artur e do Bernardo. Mora em Curitiba, é graduada em Direito, Ciências Contábeis e Teologia, e pós-graduada em Psicanálise. É membro da Igreja Batista da Lagoinha em Curitiba, onde lidera o Ministério Freedom, cujo foco é a cura de traumas emocionais, libertação espiritual, restauração e aconselhamento. *"Eu sou escolhida para amar pessoas, a fim de vê-las curadas, restauradas, transformadas e libertas."*

Sabotadores da alma

O Senhor é bom; é forte refúgio quando vem a aflição. Está perto dos que nele confiam. NAUM 1:7

Em 2021, vi a notícia de que uma jovem mulher de 28 anos, linda, mãe de cinco filhos e esposa de um pastor dos Estados Unidos, tinha tirado a própria vida. Havia poucos detalhes, mas uma coisa era certa: ela estava em sofrimento mental.

Segundo informações divulgadas pela Organização Mundial de Saúde (OMS), quase 1 bilhão de pessoas possuem algum quadro de transtorno mental. Dentre as mortes por suicídios, 52% ocorrem em pessoas com menos de 45 anos. No cerne dos números indicados por essas estatísticas estão a desesperança e a falta de perspectiva no futuro. Essas são duas dos principais sabotadores da alma.

Milhares de pessoas vivem com emoções negativas, pessimistas e intensos sentimentos de desespero que as levam a crer que não há esperança e que nada do que façam poderá ter êxito ou melhorar sua existência. Muitas vidas têm sido permeadas por desamor, desamparo e desvalor. Tais crenças se intensificam e fazem com que estes indivíduos percam completamente a alegria, paz e confiança.

Paulo já alertava que deveríamos ter os olhos iluminados para que pudéssemos ser esperançosos (VEJA EFÉSIOS 1:18), e dizia: "Concentrem-se em tudo que é verdadeiro, tudo que é nobre, tudo que é correto, tudo que é puro, tudo que é amável e tudo que é admirável. *Pensem no que é excelente e digno de louvor*" (FILIPENSES 4:8, GRIFO DA AUTORA).

É por isso que devemos vigiar, pois os sabotadores da alma vêm roubar a paz por meio de pensamentos disfuncionais, como os que nos levam a pensar que tudo vai dar errado ou não será bom, transformando nossas lentes mentais e emocionais em previsões pessimistas da realidade atual e futura.

Há ainda os pensamentos catastróficos que exageram e potencializam os perigos da realidade; os que fazem antecipações temerosas sobre tudo; os rígidos e inflexíveis, que nos levam a não estar leves ou dispostas a possíveis acordos visando a paz no dia a dia; os demasiadamente perfeccionistas e críticos, que invalidam a nós e aos demais; os polarizados, que roubam nosso contentamento, fazendo-nos crer que tudo só está bom quando acontece como desejamos.

Cada um deles sabota nossa alma, rouba nossa alegria, paz, contentamento e esperança no futuro. Sabotam também nosso comportamento, tornando-o disfuncional, um reflexo de pensamentos e emoções que interpretam a realidade de forma ruim, sem as lentes da Palavra de Deus.

Por isso, lembre-se: Jesus é a fonte de nossa esperança presente e futura. Ele veio para que tenhamos vida em abundância (JOÃO 10:10). Deus não perdeu o controle!

- LEIA: Salmo 55:22
- EXAMINE: Filipenses 4:4, Romanos 14:17 e Salmo 119:37
- REFLITA: Como Paulo orienta em Filipenses 4:4, alegre-se! Transforme esse sentimento em uma ação, pois é na alegria que encontramos força para continuar. O Reino não é feito de coisas materiais, "não diz respeito ao que comemos ou bebemos, mas a uma vida de justiça, paz e alegria no Espírito Santo" (ROMANOS 14:17), e é exatamente isso que o inimigo quer nos roubar. Tire seu foco do que não edifica e pare de listar críticas, declare ao Senhor: "Desvia meus olhos de coisas inúteis e restaura-me por meio de tua palavra" (SALMO 119:37). Exercite sua mente a sempre elencar coisas boas e positivas.

Oração

Querido Deus, compreendo que há sabotadores que querem roubar a alegria e a paz que Tu me deste. Sei que a sabotagem da alma começa nos pensamentos e já não quero praticá-la. Declaro que minha mente é de Cristo e que tudo o que penso será cativo ao Senhor. Que eu só tenha pensamentos firmados na Tua Palavra e nas promessas que Tu tens sobre a minha vida. Muda minha forma de ver e perceber a realidade, que eu saiba que pelo Teu nome sou capaz de vencer as dificuldades que enfrento. Amém.

CASSIANA TARDIVO

É casada com Jônatas Tardivo há 27 anos e mãe do Théo e da Heloísa. Mora em Campinas e é membro da Igreja Batista do Povo (IBP). Graduada em Psicologia e Pedagogia, pós-graduada em Psicopedagogia, Neuroaprendizagem, Dependência Tecnológica e Terapia Cognitivo Comportamental, atua como palestrante e escritora. *"Eu sou escolhida para ajudar pessoas a se tornarem emocionalmente e espiritualmente saudáveis."*

Entre a dor e o amor

> Eu [...] disse: "Você é meu servo". Pois eu o escolhi
> e não o lançarei fora. Não tenha medo, pois estou com você;
> não desanime, pois sou o seu Deus. Eu o fortalecerei
> e o ajudarei; com minha vitoriosa mão direita
> o sustentarei. ISAÍAS 41:9-10

Ninguém está livre de sentimentos como desânimo, angústia, ansiedade ou desesperança. São muitos os motivos que nos levam a sentir-se assim: doenças, perdas, traumas, rejeições, traições ou ressentimentos. Quando não resolvidos, eles podem nos levar à depressão, o que é mais comum do que imaginamos. Até mesmo personagens bíblicos sofreram deste mal. Pense no profeta Elias, que se isolou numa caverna e pediu que Deus o levasse.

Isso também aconteceu comigo. Quando criança, eu me isolava num espaço pequeno da minha casa, chamado por mim de "quartinho escuro". Aquele lugar era um refúgio. Quando eu me sentia sozinha, triste ou com medo, entrava ali e ficava encolhida como um feto, lamentando minhas dores, perdas, rejeições e ressentimentos. Quando estava fora do quarto, eu tentava encontrar o amor na natureza, nos animais e nas pessoas.

Parecia que Deus era tão distante para mim, mas ao mesmo tempo, e sem que eu percebesse, Ele estava muito presente, pois tinha grandes projetos para a minha vida. O Senhor já havia me escolhido desde o ventre e, quando Ele tem planos para nós, não importa quem somos ou o que passamos, Ele fará acontecer.

Com o passar do tempo, depois de muitas lutas e sofrimentos, entrei num estado de depressão profunda que durou alguns anos. Passei a maior parte desse período dentro de um quarto escuro, na cama, em posição fetal e repetindo o que acontecia na minha infância quando ficava naquele "quartinho escuro".

Eu não encontrava sentido em nada, meu mundo era preto e branco. Lágrimas, tristeza, desânimo e desesperança eram as minhas companheiras e me consumiam. Eu tinha vontade de desistir, mas não queria fazer isso. Apesar do estado deplorável em que me encontrava, havia um desejo enorme por ser curada, viver, ser feliz e ver minha família transformada e alegre.

Deus é justo, soberano, fiel, poderoso, compassivo, misericordioso e amoroso com todos, e comigo não foi diferente. Aprendi a lançar sobre Ele toda ansiedade, confiar que cuidaria de mim em todas as situações. E o Senhor, com Sua graça, misericórdia, poder e infinito amor, não me desprezou, mas resgatou, amou, fortaleceu, ajudou, segurou em Suas mãos e curou.

Foi na dor que encontrei o amor de Deus, conheci Seu Filho, Jesus, e ganhei a salvação. Hoje sou uma mulher curada, restaurada e transformada, vivo com alegria glorificando o santo nome dele e desejo que você também possa experimentar essa mesma cura divina.

- LEIA: Salmo 42:11

- EXAMINE: Filipenses 4:6-7

- REFLITA: Você se isola com pensamentos negativos quando se sente deprimida, ou procura ajuda lendo a Palavra, orando, buscando alguém para conversar ou até mesmo ajuda médica e psicológica?

Oração

Deus amado, Todo Poderoso, que a Tua graça e poder me libertem de qualquer desânimo, angústia, ansiedade, medo, desesperança ou vontade de desistir. Dá-me um coração repleto de alegria, esperança e certeza de que Tu estás cuidando de mim nos momentos mais difíceis da minha vida. Esse é o meu desejo e a minha oração. Em nome do Teu precioso filho Jesus, Amém.

CARMEN CHABARIBERY

É esposa do pastor Natal Chabaribery há 43 anos, mãe da Janaine e do Thiago e avó de cinco netos: Guilherme, Samuel, João, Davi e Pedro. Mora em Curitiba, é professora aposentada e membro da IBB, onde serve nos ministérios de Missões e Aconselhamento de Mulheres. Também atua como coordenadora e líder de um PGM. *"Eu sou escolhida para ajudar pessoas a conhecerem a misericórdia, graça e poder do Senhor Jesus."*

Ressignificando traumas

*O Espírito do S*ENHOR* Soberano está sobre mim, pois o S*ENHOR* me ungiu para levar boas-novas aos pobres. Ele me enviou para consolar os de coração quebrantado e para proclamar que os cativos serão soltos e os prisioneiros, libertos.*

ISAÍAS 61:1

O sentimento de valor próprio surge em nossa vida a partir das sensações de ser amado e aceito. É por esse motivo que a família tem um papel fundamental na formação da personalidade da criança. Nossa mente é como cimento fresco nos primeiros anos de vida, um verdadeiro território fértil para receber influências positivas e negativas do ambiente em que estamos inseridos.

Como fundadora de um projeto voltado a cuidar de vítimas de abuso, já conheci muitas pessoas com histórias relacionadas a isso. Uma delas foi Cris, uma linda jovem concebida como fruto de um estupro que sua mãe sofreu quando tinha apenas 15 anos de idade. Ela cresceu acreditando numa mentira: "eu sou uma ferida terrível na alma de minha mãe". Mas, ao participar de um seminário de cura interior no Instituto Casa Rute, Cris teve sua vida impactada ao ouvir o Espírito Santo lhe dizer que, na verdade, ela era bálsamo de Deus para aquela dor.

A sutileza das mentiras que ocupam o porão da nossa alma aprisiona nosso potencial e produz crenças limitantes que bloqueiam nossa vida. Eu diria que essa tem sido uma das estratégias espirituais mais utilizadas por Satanás para tentar atrasar o crescimento da Igreja do Senhor e a impedir de seguir na direção que Deus deseja (e, certamente, tem sido uma das de maior sucesso).

Como mulheres cristãs, devemos buscar a renovação de nossa mente por meio da aplicação das verdades divinas em nossa vida. Só então conseguiremos eliminar todo tipo de pensamentos traumáticos de desesperança ou angústia que aprisionam nossa alma. Olhe para o seu passado com coragem e creia que Deus pode dar um novo significado a tudo o que machucou você.

- LEIA: **Isaías 61:1-3**
- EXAMINE: **Romanos 12:2**
- REFLITA: **Quais mentiras têm aprisionado a sua vida? Quais lembranças do passado ainda a ferem? E quais verdades de Deus expressas em Sua Palavra podem ajudá-la a combater esses traumas?**

Oração

Deus Pai, perdoa-me por acreditar em mentiras e ajuda-me a viver usufruindo das Tuas verdades para a minha vida. Que o Teu Santo Espírito consolador possa ressignificar minhas feridas e situações traumáticas, fazendo-me encontrar Teu bálsamo em meio à dor. Em nome de Jesus Cristo, amém.

SILVANA CALIXTO

É esposa do pastor Marcos Calixto há 37 anos, mãe do Davi e da Talita e avó de três netos: Matheus, Luciano e Theodoro. Mora em Curitiba, é graduada em Psicologia e pós-graduada em traumas. Membro da Igreja Batista Alameda (IBA), é também fundadora do Instituto Casa Rute, um projeto que oferece atendimento a mulheres e crianças vítimas de abuso. *"Eu sou escolhida para ajudar pessoas a reciclarem o lixo da alma."*

Falta de perdão, o veneno da alma

> *"Portanto, se você estiver apresentando uma oferta no altar do templo e se lembrar de que alguém tem algo contra você, deixe sua oferta ali no altar. Vá, reconcilie-se com a pessoa e então volte e apresente sua oferta.* MATEUS 5:23-24

Quando me olho no espelho, vejo muito além da imagem refletida. Ao mesmo tempo em que contemplo minha face, minha mente enfrenta diversos diálogos a respeito de quem sou eu e do que tenho feito. Para onde me leva o caminho que tenho trilhado? Minha mente voa e trava uma verdadeira batalha. Entretanto, quando relembro de situações vivenciadas na família e no ministério, a imagem refletida gera incômodos que podem ser sentidos fisicamente. Nestes momentos, meus olhos sempre se enchem de lágrimas, meu coração acelera e, como em uma viagem, um turbilhão de emoções toma conta da minha alma.

Ao ler o parágrafo acima, talvez você tenha a impressão dele ter sido escrito por alguém que não tem um relacionamento com Cristo. Entretanto, posso lhe dizer que estas são batalhas presentes em minha vida e que, em muitos momentos, escolhi mascará-las. Por muito tempo tratei o perdão como um sentimento: *sinto; logo, perdoo*. Caso contrário, ficava na defensiva esperando que quem me feriu viesse em busca de reconciliação. Se a pessoa não sinalizasse nenhuma abertura, minha atitude era orar e "entregar" a situação nas mãos de Deus. Essa atitude, que hoje entendo ser um engano chamado justiça própria, só gerou amargura e mágoas. A falta de perdão é uma prisão, que pode ser comparada ao veneno que mata aos poucos aqueles que o retêm.

Por muito tempo, tranquei essas dores no secreto, pois achava que o perdão só beneficiaria quem tinha me ferido. Porém, o benefício maior não é dado ao ofensor, mas sim a nós, vítimas, pelo o que é produzido em nosso interior quando decidimos perdoar. Não há cura sem perdão, ele é uma necessidade, algo essencial sem o que não temos saúde emocional. O perdão é uma escolha, uma decisão e deve ser constantemente reafirmado para que as batalhas em nossa mente a este respeito não dirijam nossas ações. O inimigo lançará mão de artifícios para que continuemos revisitando nossas dores, mas cabe a cada uma de nós decidir alcançar o próximo nível de maturidade em Deus.

O perdão liberta quem o libera.

Jesus relacionou a entrega de ofertas à decisão de perdoar. Ele disse que se soubermos que alguém tem algo contra nós, devemos procurar essa pessoa para tentar a reconciliação antes de depositar nossa oferta. Isso demonstra o quanto a falta de perdão nos rouba a liberdade em Cristo e impede que tenhamos um relacionamento saudável com Ele. Mesmo se quem nos ofendeu não nos procurar ou quiser falar conosco, temos de ter iniciativa, buscar protagonismo e tentar reconstruir a paz.

Deus nos ofertou o perdão gratuito de nossos pecados por meio de Seu Filho a despeito do tamanho do nosso mal. Ele não condicionou esse perdão. Se desejamos seguir Seus passos em todas as áreas de nossa vida, eis o nosso maior exemplo!

- LEIA: Mateus 5-6
- EXAMINE: Colossenses 3:1-17
- REFLITA: Você quer estar certa e envenenar seu corpo ou prefere se reconciliar com Deus? Você quer continuar na posição de vítima ou começar o processo de cura pela decisão de perdoar? Você deseja que suas ofertas sejam aceitas pelo Senhor?

Oração

Senhor, ensina-me a Tua perspectiva sobre o perdão. Sinto-me incapaz de repetir as palavras que disseste na cruz: "Pai, perdoa-lhes, pois não sabem o que fazem", por isso, ajuda-me a perdoar cada situação do passado, bem como as que certamente virão. Reconheço a necessidade da Tua ajuda diariamente para fazer o que Tu queres que eu faça. Agradeço-te por me perdoar. Amém.

LAURA ARAGÃO

É esposa do pastor Jarbas de Aragão há 23 anos, mãe do Matheus e da Gabriela. Mora em Brasília e é membro da Intervenção Betel. Bacharel em Teologia, mestre em Missiologia e MBA em Gestão estratégica de empresas. Já pastoreou juntamente com seu marido em Sapucaia do Sul/RS e em Toledo/PR, mas atualmente serve em casa e atua como empreendedora. *"Eu sou escolhida para ser agente de transformação."*

Notas:

Notas:

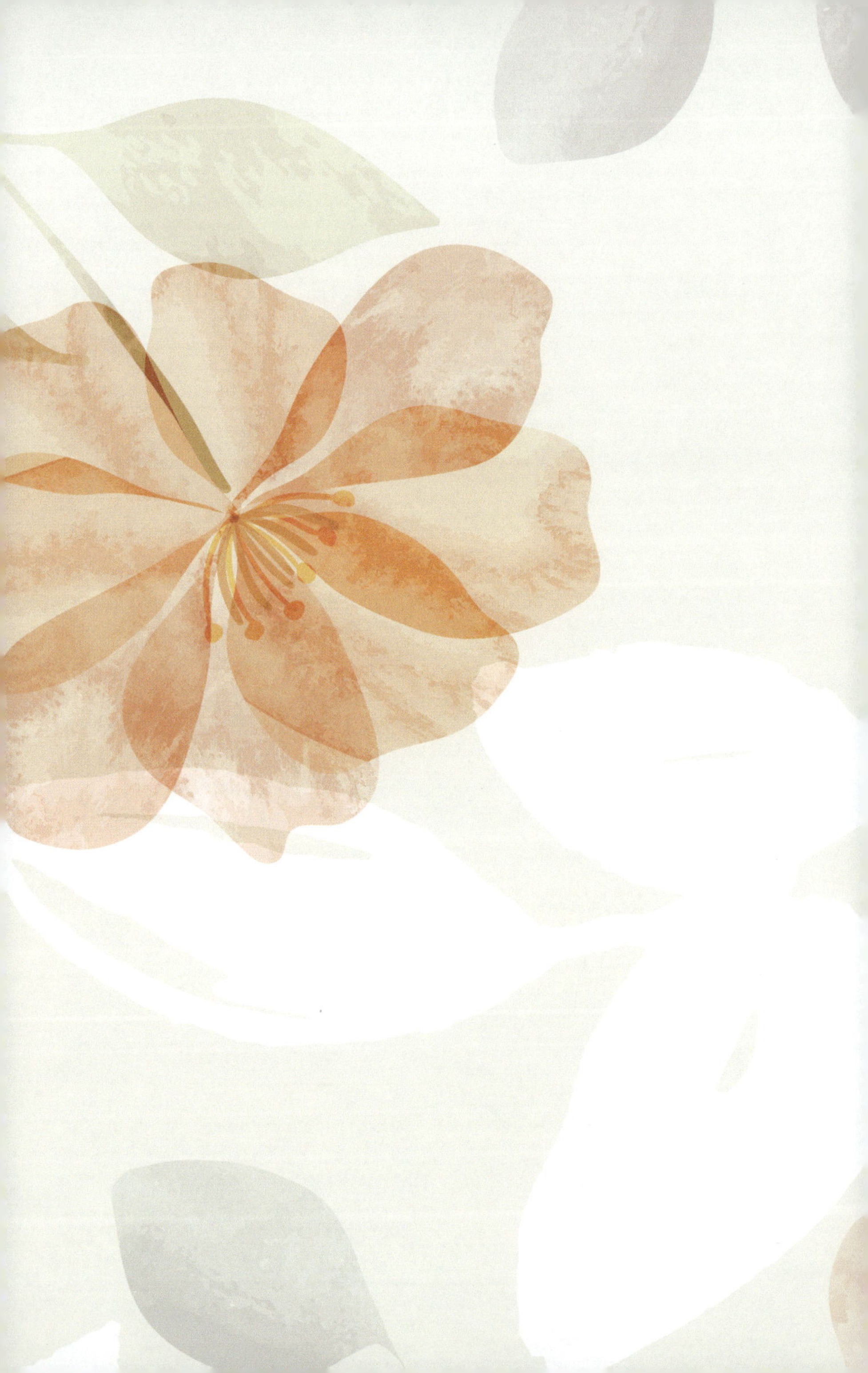

Cura física

*Essa oração de fé curará o enfermo,
e o Senhor o restabelecerá.*

TIAGO 5:15

O processo da cura

Mas ele disse: "Minha graça é tudo de que você precisa. Meu poder opera melhor na fraqueza". Portanto, agora fico feliz de me orgulhar de minhas fraquezas, para que o poder de Cristo opere por meu intermédio. 2 CORÍNTIOS 12:9

Você já chorou amargamente por cura, sua ou de um ente querido? Se já passou por problemas graves de saúde, as lágrimas provavelmente foram inevitáveis. Talvez as palavras tenham lhe faltado, mas com os joelhos dobrados, seu choro foi levado pelo Espírito Santo diante do Pai "com gemidos que não podem ser expressos em palavras" (ROMANOS 8:26).

Quando a enfermidade invade nosso leito, as emoções ficam fragilizadas, a esperança desaparece, a tristeza toma conta do coração e, por vezes, o relacionamento com Deus é enfraquecido. A forma com que um diagnóstico negativo é recebido vai determinar como passaremos pelo processo de cura, que está submetido à soberania de Deus.

Tiago afirma em sua carta que as provações servem para moldar quem passa por elas, pois o crescimento espiritual se dá a partir desta fase, que é singular para cada um (VEJA TIAGO 1:2-4). Portanto, antes de passar pela cura física, é necessário confiar que Deus sempre tem o melhor para nós. Isso trará cura emocional e, assim, estaremos fortalecidas para enfrentar os desafios da doença.

As Escrituras estão repletas de histórias de homens e mulheres que passaram por provações, mas receberam respostas inesperadas de Deus. O apóstolo Paulo suplicou que Ele o livrasse de um "espinho na carne", mas a resposta que obteve foi: "Minha graça é tudo de que você precisa" (VEJA 2 CORÍNTIOS 12:9).

Essa passagem esclarece que o processo de cura sempre passa pela vontade de Deus. Às vezes a medicina terá o remédio, em outras o remédio será a graça do Senhor. Paulo aprendeu a viver contente em todas as circunstâncias e, mesmo em meio a perseguições e sofrimento, seguiu escrevendo cartas que demonstram o poder de Deus para aliviar nossa dor e desespero quando formos provadas.

Conforme descrito no evangelho de João, na ocasião da enfermidade de Lázaro, Jesus explicou que ela "aconteceu para a glória de Deus, para que o Filho de Deus receba glória por meio dela" (11:4). Com isso, demonstrou que algumas doenças ocorrem para revelar a glória de Deus. Ele está no controle de tudo, mesmo quando não parece estar. Assim como nos tempos bíblicos, os ouvidos do Senhor continuam atentos a todos os que o buscam nos dias de hoje.

Deus é muito bom e tem planos de paz e prosperidade para Suas filhas. Ele nos segura por Sua mão direita ao permitir que passemos pela dor física ou emocional. Confie nele, que está sempre ao seu lado. Talvez você não receba o que pede, mas com certeza terá suas reais necessidades supridas. Lembre-se de que o maior sofrimento já foi vivido por Jesus, que morreu na cruz para nos dar vida em abundância.

- LEIA: 2 Coríntios 12:8-9
- EXAMINE: Salmo 34:4-8
- REFLITA: Mulher, o que você tem aprendido em seu processo de cura? Como você tem enfrentado seus desafios? Consegue descansar na graça de Deus, que é suficiente para revelar a glória dele, independente das circunstâncias?

Oração

Pai de infinita bondade, ajuda-me a passar pelos momentos de dor em Tua presença e aceitar aquilo que me torna mais parecida contigo. Mas também concede-me sabedoria para praticar a fé e receber a cura que o Senhor quer me dar. Em nome de Jesus, amém.

JANETE CARDOSO

Mora em Curitiba e é membro da PIB. Graduada em Pedagogia e Teologia, pós-graduada em Psicopedagogia e professora aposentada da educação especial. É idealizadora e líder da equipe de audiodescrição/ledores, que faz parte do Ministério Eficiente da PIB Curitiba, onde também atua como discipuladora de pessoas com deficiência visual. No campus PIB Piraquara, é líder do Ministério Infantil e de pequenos grupos com mulheres. *"Eu sou escolhida para pastorear, servir, ensinar e incluir pessoas com deficiência."*

A cura revela o propósito

Alguém está doente? Chame os presbíteros da igreja para que venham e orem sobre ele e o unjam com óleo, em nome do Senhor. Essa oração de fé curará o enfermo, e o Senhor o restabelecerá. TIAGO 5:14-15

Naquela noite decisiva eu enfrentava um dos momentos mais desafiadores da minha vida, com apenas 22 anos. Diante de uma enfermidade que ameaçava me restringir a uma cadeira de rodas, minha resiliência física e espiritual eram colocadas à prova. Em um ato desesperado, busquei respostas além da medicina convencional, explorando soluções espirituais para a minha condição. Dirigi-me a uma igreja buscando o que os médicos não conseguiam me oferecer: a cura.

Lá o ambiente carregado de expectativa preparava o cenário para algo extraordinário. O pastor, um homem de profunda fé, compartilhou uma revelação que vinha do céu: alguém naquela assembleia seria curado. Naquele momento, pensei: "Será que sou eu?", e ele respondeu do altar: "Sim, é você!". Com fé e esperança caminhei até a frente, onde o pastor me olhou e profetizou que Deus tinha um plano grandioso na minha vida. Ele declarou que eu receberia minha cura se aceitasse viver esse propósito e isso serviria como prova de que era realmente Deus quem me chamava.

Aceitei sem hesitar e naquele momento uma força inexplicável percorreu meu corpo, eu fui curada instantaneamente. Essa experiência me devolveu não só a saúde física, mas também abriu meus olhos para o poder da fé. Compreendi que somos chamadas para cumprir propósitos grandiosos, apesar das adversidades. Essa jornada, baseada em promessas como a de Tiago 5:14-15, de cura pela fé, tornou-se um pilar em minha vida. O milagre vivenciado reforçou minha crença de que nenhum obstáculo é insuperável quando cremos no Senhor.

Esta experiência não vale apenas para mim. Talvez essa também seja a sua realidade hoje e assim como eu fui tocada e transformada, você também pode ser! A fé em um Deus que nos cura e revela nossos propósitos é um convite aberto a todos. Eu a encorajo a acreditar, ter fé e permitir que ela guie todos os seus passos.

O Deus que me curou e mostrou meu propósito também está ao seu alcance, pronto para fazer o mesmo por você. Que minha história sirva de inspiração para que você busque com o coração aberto a direção e os propósitos que Ele têm para a sua vida.

- LEIA: Tiago 5:14-15

- EXAMINE: Marcos 5:34

- REFLITA: Você já sentiu o chamado de Deus em momentos de dificuldade? O que sente que deve fazer para estar mais receptiva aos propósitos que Ele têm para a sua vida?

Oração

Meu Pai, agradeço por Tuas milagrosas intervenções em minha vida. Guia-me para viver os propósitos que Tu tens para mim, fortalecendo minha fé e fazendo com que eu os enxergue com olhos espirituais. Por favor, permite-me ser um testemunho vivo do Teu amor e poder. Em nome de Jesus, amém.

BRUNA FOGAÇA CAMARGO

É casada com Vinicius Antônio Camargo há quatro anos. Mora em Santo Antônio da Platina/PR, é graduada em Direito e pós-graduada em Direito Administrativo, Político e Prática Eleitoral e Gestão Pública. É membro da Comunidade Evangélica Igreja em Células, onde atua como pregadora, professora e líder do Ministério Kids. *"Eu sou escolhida para pregar o Reino dos Céus por onde passar."*

A sustentabilidade da cura

> *Vocês não sabem que seu corpo é o templo do Espírito Santo, que habita em vocês e lhes foi dado por Deus? Vocês não pertencem a si mesmos, pois foram comprados por alto preço. Portanto, honrem a Deus com seu corpo.* 1 CORÍNTIOS 6:19-20

À primeira vista, podemos pensar que cura e sustentabilidade são dois assuntos sem a menor conexão. Porém, se entendermos a sustentabilidade como uma ação presente que visa sustentar o futuro, sua relação com a cura fica mais evidente.

Um exemplo prático está na forma como lidamos com o tratamento de enfermidades. Diante de uma doença, algumas posturas e hábitos são mudados para tentar garantir que a cura aconteça e assim possamos retornar a um bom estado de saúde. Medicamentos são administrados, nossa alimentação passa a ser mais saudável, começamos a praticar exercícios físicos e damos mais atenção ao descanso.

Diversas mudanças são feitas no processo da busca pela restauração da saúde, mas quando ela chega é comum que tais hábitos sejam lentamente esquecidos e deixados de lado. O corpo saudável volta então a ficar vulnerável às doenças oportunistas. O processo de tratamento cuidou apenas do aqui e agora, não foi sustentável nem garantiu a manutenção do bem-estar.

Quando fui confrontada com um diagnóstico de câncer de mama, minha primeira atitude foi confiar em Deus e, na sequência, buscar tratamento. Segui à risca todas as orientações e prescrições médicas. Saí da rotina da falta de cuidado e parti para uma agenda com novas prioridades. Percebi que deveria fazer algumas mudanças em minha vida, principalmente em meu olhar quanto ao que era de fato importante.

Minha principal descoberta enquanto atravessava esse deserto foi a intimidade existente em uma caminhada genuína com Deus. Percebi que a busca incessante pelo sobrenatural do Senhor não pode ocorrer apenas durante a dor, mas todos os dias. O meu coração, o meu templo e casa do Espírito, nunca mais poderia ficar vazio. Nas entranhas do meu ser, as brechas para o inimigo não poderiam mais continuar abertas.

Assim, juntamente com a cura, veio a necessidade de permanecer na presença do Senhor, em um relacionamento íntimo e santo com Ele para todo o sempre. E você? Está disposta a buscar ao Senhor por todos os dias da sua vida, apesar das circunstâncias?

- LEIA: Mateus 12:43-45
- EXAMINE: 2 Coríntios 4
- REFLITA: Durante a travessia de desertos como o da doença, tendemos a correr para a igreja, participando de cultos e reuniões de oração; passamos a respeitar o outro e mudamos hábitos nocivos. Mas, quando chega a cura, aquela fé exemplar vai esfriando com o tempo e o relacionamento com Deus deixa de existir. É por isso que o templo do Espírito deve ser tratado com boas práticas sempre: o tratamento só terá sustentabilidade se tiver continuidade. Como você tem sustentado as boas práticas daquilo que edificam o seu ser?

Oração

Senhor, só Tu conheces o meu coração, minha ansiedade e as minhas fraquezas. Suplico que Teu Espírito Santo inunde a minha vida e me lembre todos os dias que o meu corpo é o Seu templo. Senhor, dá-me um coração cheio da Tua presença. Que o Teu amor, misericórdia e sabedoria transbordem em minhas falas, pensamentos e atitudes. Limpa-me de toda doença do mundo. Pai, que eu viva a Tua paz todos os dias da minha vida, enxergando o milagre que só é perceptível aos olhos da fé. Amém.

JOCELI PEREIRA

É esposa do Bernardo Rodrigues e mãe da Maria Fernanda. Mora em Curitiba, é graduada em Pedagogia e mestra em Governança e Sustentabilidade. Atua como CEO na Essenciale Consultoria Corretora de Seguros e professora de MBA na Escola de Negócios e Seguros. É membro da Primeira Igreja do Evangelho Quadrangular (1ªIEQ), onde serve no Ministério de Missões Urbanas na Capelania Prisional. *"Eu sou escolhida para exortar mulheres a reconhecer o amor de Deus e resgatar o que é essencial em suas vidas, lembrando do cuidado e proteção do colo do Pai."*

Fé que cura

A fé mostra a realidade daquilo que esperamos;
ela nos dá convicção de coisas que não vemos.
HEBREUS 11:1

No final de 2016 fui diagnosticada com um tipo de câncer que atinge o sistema linfático, chamado de linfoma folicular. Mas mesmo nessa situação tão difícil tive a oportunidade de provar do amor e cuidado de Deus Pai por meio da minha fé, e viver o primeiro versículo de Hebreus 11, citado acima.

Eu estava visivelmente abalada. Durante o tratamento, perdi todo o meu cabelo e emagreci quase 15 quilos. Os efeitos colaterais pós quimioterapia não me deixavam comer, até mesmo minha própria saliva me causava náuseas. Tudo isso abalava a minha carne e consumia o meu corpo físico, mas o meu espírito ficava a cada dia mais fortalecido em Cristo, que me mantinha de pé.

A fé movia os meus dias, eu acreditava no milagre e na cura. Cada vez que pensamentos contrários a tudo aquilo que eu acreditava vinham me atormentar, o meu Deus e Pai trazia ânimo à minha alma por meio do meu esposo, familiares e também amigos. Terminei meu tratamento em julho de 2017 e entrei em remissão em 2019, quando pude provar novamente do milagre da cura em minha vida.

Hoje, oito anos depois, minha saúde foi totalmente restaurada. Durante esse tempo, o Pai fez novas todas as coisas, trazendo-me inclusive para outro país, onde estou sendo usada com meu testemunho de cura e de vida para ganhar almas para Ele.

Hoje posso dizer que Deus tem todo poder para nos curar e que chega até nós pela nossa fé. Assim como a mulher do fluxo de sangue descrita em Mateus 9:20, precisamos tocar em Jesus crendo que Ele pode e tem prazer em nos abençoar. Não tenha medo ou vergonha de chegar a Jesus com a sua fé, pois Deus está próximo e disposto a nos acolher.

- LEIA: Hebreus 11
- EXAMINE: Mateus 9:1-33
- REFLITA: Você tem recorrido a Jesus quando passa por alguma enfermidade ou recorre primeiro aos médicos, antes mesmo de orar e confiar na cura? O que você pode fazer para ter convicção de que a sua fé tem poder?

Oração

Senhor, faz-me entender que Tu és o médico dos médicos e que existem virtudes através de ti com poder para curar o corpo, a mente e a alma. Ajuda-me a depositar minha confiança em ti para que eu possa ter fé e até atravessar multidões, se preciso for, para ser completamente curada. Em nome de Jesus Cristo, amém.

FABIANA HILLESHAIM

É esposa de Mário Hilleshaim há 29 anos e mãe da Rubya e do Isaque. Mora no México, em Saltillo/Coahuilae, e é membro da Iglesia Renascer. Atua como executiva na área de vendas e gastronomia. No Brasil, serviu como líder de jovens e de célula na Comunidade Evangélica Betel, e foi líder de célula na Igreja das Nações. *"Eu sou escolhida para evangelizar e povoar o Reino de Deus, até que Ele venha."*

O foco da cura é a glória de Deus

Minha saúde pode acabar e meu espírito fraquejar, mas Deus continua sendo a força de meu coração; ele é minha possessão para sempre. SALMO 73:26

Quando visitamos um enfermo, podemos ser levados a questionar o que aquela pessoa fez para merecer passar por tal situação. Em nossa mente passa a ideia de que a doença decorre de uma punição por algo cometido, como por exemplo uma vida de pecado. Pode acontecer ainda de julgarmos: se uma pessoa bondosa foi acometida por uma enfermidade, mas logo ficou curada, talvez tenha recebido tal graça por merecimento.

E não paramos por aí. Se alguém for um crente ativo nas campanhas de jejum e oração e receber cura, pensamos que o resultado é ainda mais poderoso, porque representa que Deus o curou por mérito próprio, de sua família ou comunidade eclesiástica. Contudo, não é isso que a Bíblia ensina sobre doenças e curas. Em primeiro lugar, Deus não divide a glória dele com ninguém e, portanto, o foco não pode estar na pessoa doente, seus frutos e tampouco sua espiritualidade invejável. Esse pensamento é, inclusive, uma forma de idolatria.

Ao longo do salmo 73, Asafe compara a vida do ímpio com a do povo de Israel, chegando a admitir que sente inveja dos arrogantes ao vê-los prosperar sem preocupações ou aflições, com corpos fortes e sadios. Mas logo que descobre o fim deles, a destruição, o salmista é despertado para algo mais precioso: a presença do próprio Deus, independente das circunstâncias.

Quando recebi meu diagnóstico de câncer em 2022, expliquei aos meus filhos: "Mamãe tem uma doença grave, mas Deus continua sendo bom. Se Ele quiser me curar, amém; mas se não, amém também! Bendito seja o nome do Senhor!". Eles aprenderam na prática sobre a soberania de Deus. Eu estava os ensinando a confiar em seu Criador, ainda que isso custasse a vida da mãe deles.

Tive diversas intercorrências durante o tratamento, incluindo um trombo cardíaco bem mais grave que o câncer. Mesmo assim, por mais difícil e doloroso que tenha sido, não murmurei e pude testemunhar do amor cuidadoso de Jesus por mim. Esse processo aumentou a minha fé, pois fui forjada e aperfeiçoada na caminhada, alcançando a cura ao final de quase um ano.

Pessoas se converteram a Cristo a partir da minha história e pude me alegrar por ter sido usada por Deus para livrá-las da morte eterna. Esse deve ser o nosso foco: a salvação em Cristo Jesus, nossa herança eterna e renovo da esperança por um tempo em que não haverá mais dor, nem lágrimas ou sofrimento.

- LEIA: 2 Coríntios 12:7-10
- EXAMINE: João 9
- REFLITA: Paulo experimentou um espinho na carne, algo que alguns teólogos sugerem ter sido uma doença física que afetava seu corpo e o deixava fraco. Por três vezes, o apóstolo pediu ao Senhor para afastar isso dele, mas não obteve êxito e então entendeu que aquela seria uma demonstração graciosa do próprio Deus para aperfeiçoá-lo e fazê-lo enxergar além da doença. Ao perceber isso, Paulo transformou sua oração pela cura em uma adoração de contentamento. Estamos preparadas para receber um "não" de Deus quando orarmos por cura? Existirá contentamento caso Ele permita que a doença nos ceife a vida? Precisamos saber qual é o foco da nossa vida e pensar se estamos mais preocupadas em se livrar da doença ou render-se à soberania de Deus. Nosso foco deve ser a herança eterna junto ao Pai!

Oração

Pai, graças te damos pelo dom da vida eterna com Cristo. Adoramos-te por quem Tu és e não somente pelo que podes fazer. Reconhecemos que só Tu podes curar, salvar e libertar e por isso pedimos que, se for da Tua soberana vontade, alivie a dor dos enfermos, enxugue suas lágrimas e traga-lhes paz. Que Teu nome seja glorificado em tudo. Amém.

MARIANA NERIS

É casada com Pedro Neris há 15 anos e mãe da Elisa e do Gustavo. Mora em Curitiba e é membro da Igreja Presbiteriana de Curitiba (IPC). Graduada em Serviço Social pela Universidade de Brasília (UnB), pós-graduada em Gestão Pública e mestre em Desenvolvimento e Políticas Públicas pela Fundação Oswaldo Cruz (Fiocruz). Atua como servidora pública na área de direitos humanos e sociais há duas décadas. Sobreviveu a um câncer de mama e a um trombo cardíaco. *"Eu sou escolhida para servir a Cristo e levar o Seu amor a toda criatura."*

Notas:

Notas:

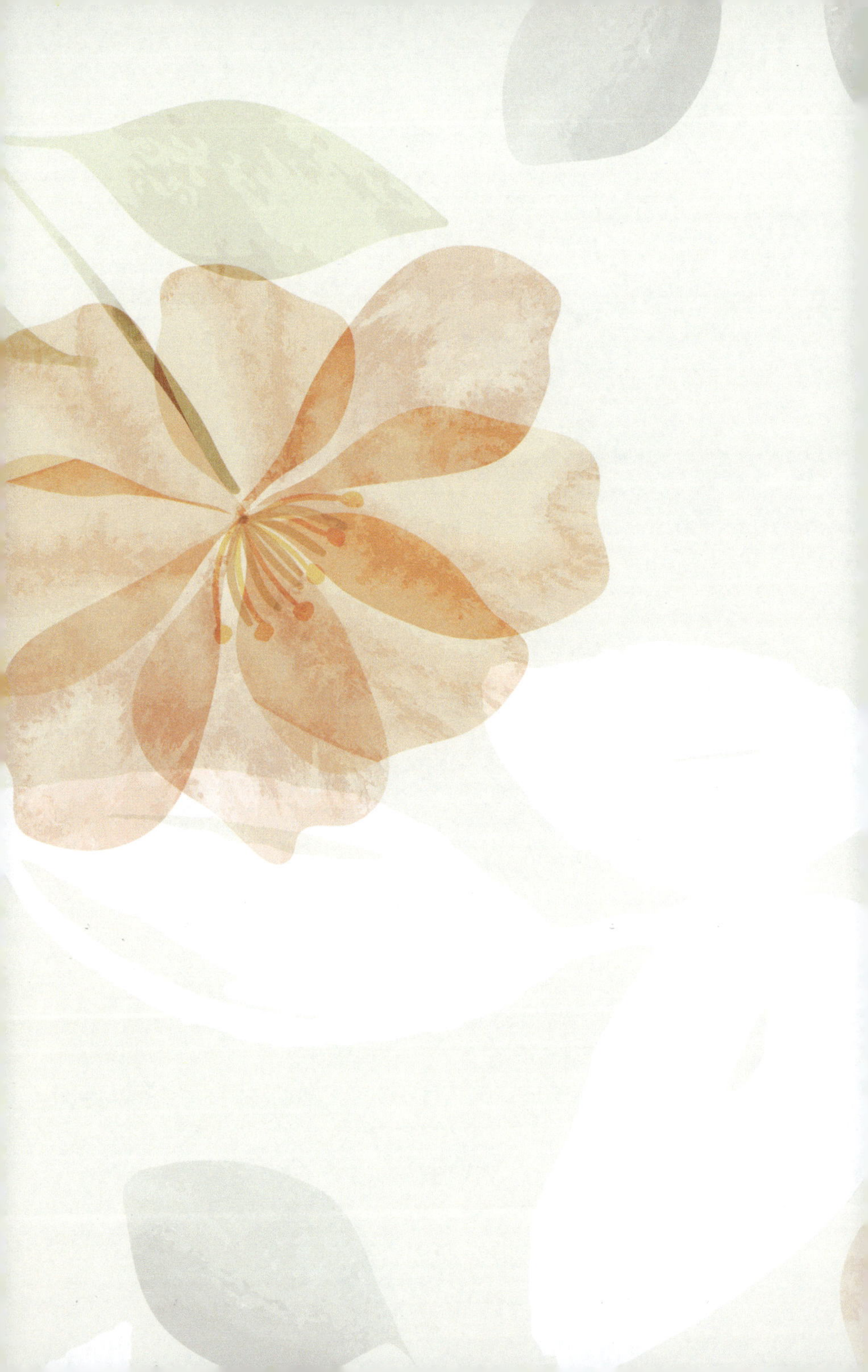

Intimidade

Aproximem-se de Deus,
e ele se aproximará de vocês.

TIAGO 4:8

A escolha certa

Apenas uma coisa é necessária. Quanto a Maria, ela fez a escolha certa, e ninguém tomará isso dela.

LUCAS 10:42

Você já se imaginou recebendo o Mestre Jesus em sua casa? Quais emoções sentiria, expectativa ou autocobrança? O desejo do seu coração certamente seria o de ter tudo perfeito: casa limpa, arrumada e perfumada, comida preparada com os melhores temperos e sabores, até as cortinas seriam lavadas e você compraria as mais belas flores logo cedo na floricultura. Quanta emoção!

O texto de Lucas 10:38-42 nos conta sobre Jesus e Seus discípulos chegando à casa de Marta. Lá ela estava fazendo tudo com muito capricho quando, de repente, se deparou com Maria sentada com os olhos fixos em Jesus, enquanto a casa estava cheia de convidados e afazeres. Certamente ela pensou: "Como Maria é folgada e preguiçosa! Eu estou aqui me desdobrando e a bonita fica lá sentada?".

Por muitos anos eu li esta passagem e me indignei com a resposta de Jesus para Marta (VEJA LUCAS 10:41-42). Afinal, alguém tinha que fazer tudo o que ela estava fazendo para que as coisas funcionassem. Se não fosse por Marta, sua irmã Maria não estaria sentada ouvindo o Mestre tranquilamente. Alguém sempre tem que fazer o serviço pesado para que o outro possa desfrutar.

Pobre de mim, quanta soberba em meu coração! Como escolho o perfeccionismo ao invés da perfeição, que é Deus!

Certo dia, eu estava sentada na poltrona de amamentação com meu bebê no colo e, ao olhar para ele, pensei: "Quero acertar e ser uma boa mãe". Na mesma hora fiz a seguinte oração: "Senhor, sonda o meu coração, vê se há em mim algum caminho mau e guia-me pelo caminho eterno". Na mesma noite, tive um sonho em que eu morria e ouvia uma voz dizendo: "Louca, esta mesma noite pedirão a sua alma!".

Então eu acordei e você já deve ter entendido que essa foi a resposta do Senhor à minha oração, a forma dele revelar "o caminho mau" do meu coração. Naquela mesma manhã, após ter sido confrontada em sonho, Deus olhou para mim como olhou para Marta e disse: "Giovanna, Giovanna, você se preocupa e se inquieta com todos esses detalhes, mas apenas uma coisa é necessária. Maria fez a escolha certa e ninguém tomou isso dela".

Quantas vezes o nosso coração nos engana e cremos estar fazendo o melhor: sendo a melhor serva no corpo de Cristo, a melhor esposa e a melhor mãe. No entanto, esquecemos de ser como Maria: a melhor *filha*. Esse foi o papel mais lindo e precioso que Deus nos deu. Quero encorajá-la a não abrir mão desta intimidade com o Pai, faça todos os dias a escolha certa primeiro e só então os demais afazeres cumprirão seu verdadeiro propósito.

- LEIA: Lucas 10:38-42

- EXAMINE: Marcos 12:30

- REFLITA: Como algo que é bom pode nos atrapalhar a ver Cristo? Qual tem sido a sua motivação quando serve ao Senhor e ao próximo? O que você tem que renunciar para estar em intimidade com Deus?

Oração

Senhor, sonda o meu coração e vê se há em mim algum caminho mau. Quero olhar em Teus olhos, ouvir Tua voz e alimentar-me das Tuas palavras. Que tudo o que há em mim e sai de mim seja reflexo da intimidade que tenho contigo. Que em todo tempo eu faça a escolha certa, preferindo a boa parte que é a Tua doce presença. Amém.

GIOVANNA MACHIAVELLI

É casada com o pastor Matheus Machiavelli há sete anos e mãe do Felipe. Mora em Curitiba, é graduada em Psicologia e pós-graduanda em Terapia Cognitiva Comportamental, além de atuar como psicóloga clínica. É membro da IBB, onde serve como líder do Ministério de Jovens e Adolescentes. *"Eu sou escolhida para cuidar da saúde mental e emocional das pessoas, com foco em autoconhecimento e autonomia."*

No dia da angústia

O Senhor está perto dos que têm o coração quebrantado e resgata os de espírito oprimido. SALMO 34:18

Já vivenciei diversas situações ao longo da minha caminhada, algumas não tão boas, pois foram momentos de angústia, dor e tristeza, verdadeiros momentos de aflição. Muitas vezes, essas experiências são inevitáveis e é nesses momentos que nossa mente é inundada por vários tipos de pensamento.

Há alguns anos eu me sentia só e angustiada, não sabendo qual direção tomar. Mas me lembro, como se fosse hoje, de certo dia em que fui tomada por um quebrantamento que me levaria para um lugar desconhecido. Naquele instante tomei uma decisão, colocando em meu coração que, se Deus existe, eu iria conhecê-lo e sabia que isso causaria muitas mudanças.

Com isso em mente, peguei uma Bíblia e comecei a ler. Ali comecei uma nova caminhada cheia de perguntas e poucas respostas, mas permaneci firme e passei a desfrutar de coisas novas com o passar do tempo. Houve ainda muitas angústias, mas a Palavra de Deus sempre me levava para o Salmo 34:19: "O justo enfrenta muitas dificuldades, mas o Senhor o livra de todas elas".

Esse certamente foi um divisor de águas em minha vida. Eu abandonei aquilo que fazia me sentir injustiçada, amargurada, destruída e sem forças. Aqueles foram dias difíceis, mas a decisão de buscar ao Senhor todos os dias me proporcionou uma intimidade com Ele que era cada vez mais forte e marcante. A partir dali minha história foi mudando aos poucos e veio a certeza de que o meu passado jamais definiria o meu futuro.

Te convido a refletir sobre a importância dessa intimidade com o nosso Pai celestial, especialmente nos dias de angústia, pois a Palavra de Deus nos assegura que Ele está próximo dos que estão com o coração quebrantado e o espírito oprimido, nossas aflições nunca passam despercebidas. O Senhor sempre foi e sempre será nosso refúgio seguro, o lugar onde encontramos descanso para fortalecer nossos passos. Quando clamamos com confiança, Ele responde.

Mesmo em meio à adversidade, precisamos viver em intimidade com Aquele que é fonte de conforto e esperança. Leia os Salmos 23 e 46 e reflita sobre como a presença de Deus em tempos difíceis pode nos levar a um lugar de esperança. Procure reservar um tempo de oração, compartilhando suas preocupações e pedindo forças e auxílio para que sua fé seja fortalecida e você possa continuar caminhando com confiança em Deus.

- LEIA: **Salmo 138:3**
- EXAMINE: **Naum 1:7**
- REFLITA: **Como sobreviver às aflições, dores e tristezas em um mundo onde nosso coração e mente estão constantemente travando uma batalha? Por que permanecer no mesmo lugar se temos a oportunidade de entregar nossas aflições ao Pai? Convido você a desfrutar da intimidade com o Senhor, pois você tem liberdade para isso!**

Oração

Pai amado, Deus poderoso e bondoso, em quem sempre busco refúgio, peço que me ensines a confiar e me concedas fé para clamar a ti em todos os momentos de minha vida. Que eu possa experimentar a libertação que vem do Senhor durante as aflições, pois reconheço que és poderoso para realizar o impossível e curar todo medo e insegurança. Creio que me ouvirás e responderás conforme a Tua vontade, que é boa, perfeita e agradável. Obrigada, meu Deus. Em nome de Jesus, amém.

ZULEICA DE SALES E SILVA

É esposa do pastor José Deolindo há 20 anos, mãe da Thalita e do Pedro e avó de duas meninas, Maria e Helena. Mora em Curitiba e atua como empreendedora especializada em serviços automotivos. É membro da Igreja Batista Lagoinha, onde serve como pastora no Ministério Freedom, projeto com foco em cura de traumas emocionais, libertação espiritual, restauração e aconselhamento. *"Eu sou escolhida para amar, cuidar e auxiliar na restauração de pessoas onde quer que Deus me envie, sempre conectando princípios cristãos com práticas que promovem o bem-estar integral."*

Discernindo a voz de Deus

> *Por isso, disse a Samuel: "Vá e deite-se novamente. Se alguém o chamar, diga: 'Fala, Senhor, pois teu servo está ouvindo'". E Samuel voltou para a cama. Então o Senhor veio e o chamou, como antes: "Samuel! Samuel!". Samuel respondeu: "Fala, pois teu servo está ouvindo".* 1 SAMUEL 3:9-10

O pequeno Samuel foi uma criança desejada, gerada com lágrimas e muitas orações de sua mãe Ana. Ele foi dedicado ao Senhor ao nascer e, ainda criança, levado para morar no templo com o sacerdote Eli. Naquele tempo, os profetas raramente ouviam a voz de Deus, pois circunstâncias adversas tinham levado a esta situação.

Mesmo sendo separado e morando no templo, Samuel ainda não tinha aprendido a ouvir a voz de seu Criador. Ele precisou aprender a discerni-la. Esta história nos ensina que é preciso seguirmos alguns princípios e conselhos da Palavra de Deus para que Sua voz seja nítida para nós. São eles:

1. *Obediência ao conselho dos mais experientes.* Ao ser acordado, Samuel prontamente levantou e foi até o sacerdote perguntar o que ele desejava. Apesar de jovem, podemos identificar que ele já tinha um coração obediente e disposto a ouvir instruções.

2. *Relacionamento pessoal e diário com o Pai por meio da leitura da Palavra, da oração e do tempo devocional.* Após seguir as instruções de Eli, Samuel passou a ouvir e discernir a voz de Deus. Ele se relacionava com o Senhor, era obediente e fiel às instruções e direções que recebia e assim tornou-se um grande representante da voz de Deus para o povo de Israel.

No versículo 21, vemos que Deus voltou a se relacionar com o Seu povo a partir da postura de Samuel: "O Senhor continuou a aparecer em Siló e a transmitir mensagens a Samuel ali" (1 SAMUEL 3:21). Muitas vezes, procuramos ouvir a voz de Deus por meio de outras pessoas e nos mais diversos lugares, gerando angústia, ansiedade e temor em nossos corações; mas, pelo sacrifício de Jesus, temos livre acesso ao trono da graça e podemos buscar o Senhor em qualquer circunstância.

Jesus morreu e ressuscitou, o véu foi rasgado e hoje podemos nos achegar ao Pai. Quanto mais nos relacionarmos com Ele, mais seremos cheias do Espírito Santo e sensíveis à Sua voz. Ele quer falar com você, sabe tudo o que se passa em seu coração e, através do Espírito Santo, quer guiar sua vida em toda a verdade, ser seu consolador, melhor amigo, ajudador e conselheiro. Esteja com os ouvidos atentos e aceite esse convite.

- LEIA: 1 Samuel 3
- EXAMINE: João 5:24-25; Jeremias 33:3, Isaías 30:21
- REFLITA: O que a tem impedido de ouvir e discernir a voz de Deus? Quais atitudes você precisa tomar hoje para começar a fazer isso?

Oração

Querido Deus, o desejo do meu coração é ser guiada por ti. Ajuda-me a ser sensível à Tua voz. Peço perdão por negligenciar tantas vezes o meu tempo contigo. Hoje faço um compromisso de ser obediente, ouvir Teu conselho e priorizar meu tempo no secreto contigo. Reconheço que preciso da Tua direção em todas as decisões da minha vida e por isso clamo: Jesus, eis-me aqui para ouvir a Tua voz. Amém.

VANESSA ALMADA

É esposa de Charles Campos e mãe da Ester. Mora em Curitiba, é graduada em Pedagogia e Teologia e pós-graduada em Psicopedagogia. Atua como coordenadora e professora do Seminário Carisma. É membro da Igreja Batista da Lagoinha em Curitiba, onde serve como pastora. "Eu sou escolhida para levar a mensagem de salvação e restauração da identidade em Cristo, por meio do ensino e amor à Palavra."

Até gerar intimidade

Aproximem-se de Deus, e ele se aproximará de vocês. TIAGO 4:8

A palavra "intimidade" é de fácil interpretação, mesmo assim, resolvi procurá-la no dicionário e descobri que um de seus sinônimos é "cotidiano". Achei isso muito interessante, ou melhor, espetacular; especialmente no contexto deste devocional em que falarei sobre o nosso movimento de busca por um relacionamento de maior intimidade com Deus.

O cotidiano pode parecer algo simples demais em nossa busca pela estabilidade, entrega e compromisso que devem ser assumidos em nossa relação pessoal com Deus. Mas apesar da trivialidade presente no ciclo diário de nossas vidas — na repetição, na viração de cada dia e no marasmo de uma vida rotineira — é fundamental que ele esteja firmado em um bom relacionamento com o Senhor, pois muitas vezes aquilo que acreditamos estar no sobrenatural está em nosso dia a dia.

A intimidade com o Pai é mais descomplicada do que imaginamos: não requer rituais específicos; não exige arrepios, manifestações espirituais grandiosas ou qualquer tipificação religiosa que nos passe o sentimento de purificação. O que nos aproxima de Deus é o nosso compromisso em entrar diariamente no secreto com Ele, o hábito, a dedicação e, acima de tudo, o desejo por desenvolver um relacionamento mais íntimo e verdadeiro.

Creio que só podemos viver o ordinário de forma extraordinária quando praticamos estes três pilares: a *oração*, a *leitura* da Palavra de Deus e o *comprometimento* em viver um relacionamento intencional e verdadeiro com o Senhor. Por isso, invista no seu cotidiano com Deus sem sentir a necessidade de criar rituais mirabolantes, mas dedicando-se com simplicidade e mantendo essa prática com amor, obediência e responsabilidade. Não pare, siga buscando ao Senhor *até gerar intimidade*!

- LEIA: **Salmo 63**
- EXAMINE: **Ezequiel 47**
- REFLITA: **Deus quer ter intimidade conosco, Ele já nos aguarda no quarto secreto, mas também está presente na cozinha enquanto lavamos a louça, ou quando limpamos a casa, levamos os filhos para a escola e saímos de nossos lares para dirigir até o trabalho. É na simplicidade do cotidiano que Deus nos espera. Precisamos investir neste relacionamento até gerar intimidade e profundidade, por isso, siga investindo nesta relação única e essencial para cada uma de nós.**

Oração

Querido Pai, confesso que faço pouco para gerar um relacionamento de intimidade contigo, mas desejo ir mais fundo! Ajude-me a perceber-te em cada momento da minha vida, a ouvir-te e, principalmente, obedecer-te nas coisas simples: no que vou vestir, comer e assistir, na forma de educar meus filhos, amar a quem me persegue, abrir um negócio, lutar pelo meu casamento, saúde e tantas outras questões do meu dia a dia. Em nome do Teu filho Jesus Cristo, amém.

KELLEN MADUREIRA

É esposa do Fernando Madureira há 20 anos e mãe da Laura. Mora em Curitiba, graduada em Administração e pós-graduada em Terceiro Setor. Atua como consultora, coordenadora de projetos e professora na área do terceiro setor. É autora da obra *Dez mulheres, dez histórias e um só Deus* (Ed. Viseu, 2023) e membro da IBB, onde serve no Ministério de Compaixão e Justiça, voltado à justiça social e cuidado de órfãos, viúvas, estrangeiros e desfavorecidos. *"Eu sou escolhida para ajudar mulheres e adolescentes a se despertarem para o maior amor de todos: Jesus Cristo."*

Cura na presença

Se meu povo, que se chama pelo meu nome, humilhar-se e orar, buscar minha presença e afastar-se de seus maus caminhos, eu os ouvirei dos céus, perdoarei seus pecados e restaurarei sua terra. 2 CRÔNICAS 7:14

Você já se sentiu distante de Deus, como se Ele não ouvisse as suas orações e tivesse se esquecido de você? Se sim, saiba que não está sozinha. Sou muito nova na caminhada cristã e, por diversas vezes, eu me vi sem perspectiva alguma diante dos desertos da vida, mas na oração e no temor ao Senhor encontrei esperança para o meu coração aflito.

Algo que aprendi e quero compartilhar com você hoje é "despir-se" diante de Deus, permitindo que nossas dores, frustrações, decepções, medos e todo o nosso orgulho sejam expostos ao Senhor e, assim, Ele possa nos curar. Apresente-se a Deus sem as máscaras, sem suas indumentárias, e permita que Ele a restaure.

Quero compartilhar com você uma história bíblica que fala muito ao meu coração e que permeou o início da minha jornada com Deus. Ela demonstra como o orgulho nos distancia do Pai e dos planos que Ele tem para nós e para a nossa casa. Naamã era um general sírio que havia dominado muitas nações de sua época. Ele era um homem muito respeitado e admirado por todas as pessoas, mas sofria de lepra (uma terrível doença incurável na época). Para os seus soldados, amigos e subordinados, ele era *o cara*, mas quando chegava em casa era apenas *o leproso*.

As pessoas de fora do seu convívio próximo recebiam sempre a melhor parte, a melhor versão, enquanto seus familiares recebiam a pior. Mesmo sendo um dos homens mais importantes de sua época, Naamã não se rendeu ao orgulho, mas ouviu e aceitou o conselho de sua escrava, foi até o profeta Eliseu e aceitou a humilhação de banhar-se no rio Jordão para ser curado (VEJA 2 REIS 5:1-19). Da mesma forma, Deus quer nos curar, quer que tenhamos intimidade com Ele e nos apresentemos com nossas dores, chagas, com a nossa "lepra".

Quando aprendi a expor minhas dores e apresentar minhas fraquezas ao Senhor, reconhecendo meu lugar de total dependência de Sua vontade, meu processo de cura e restauração se iniciou. Hoje sou totalmente curada? Não, ainda estou caminhando rumo à cura, mas o mais importante é que já tenho consciência das minhas falhas e do quanto preciso me livrar do meu orgulho, das minhas máscaras, e ser quem Deus me criou para ser.

- LEIA: 2 Reis 5:1-19

- EXAMINE: Lucas 8:40-56

- REFLITA: Você reconhece suas fraquezas e dependência perante Deus? Desafio você a submeter-se à soberania e grandeza do nosso Senhor e Salvador, a buscar a Sua face e permitir-se ser curada. Confie, você pode!

Oração

Pai amado e querido, em nome de Jesus, eu te peço perdão por todos os meus pecados. Eu me arrependo e me prostro aos teus pés. Humildemente peço que cures o meu orgulho e abras os meus olhos e ouvidos para que eu veja onde este mal tem se escondido em minha mente e coração. Senhor, sare as minhas dores para que eu sare a minha casa e família e que, por amor ao Teu nome, eu esteja sempre com o coração disposto a te amar e buscar. Espírito Santo de Deus, faz-te presente na minha vida hoje e sempre. Amém.

VIVIENNE VILANI LIMA

É casada há 19 anos com Dinor Lima Jr e é mãe de três meninas: Nina, Lara e Maitê. Mora em Curitiba, é graduada em Direito, *coach* pela Febracis e sócia do Lima e Vilani Advogados. É membro da PIB Curitiba e filha amada de Deus. "Eu sou escolhida para servir ao Reino e pregar o evangelho de Cristo Jesus."

Notas:

Notas:

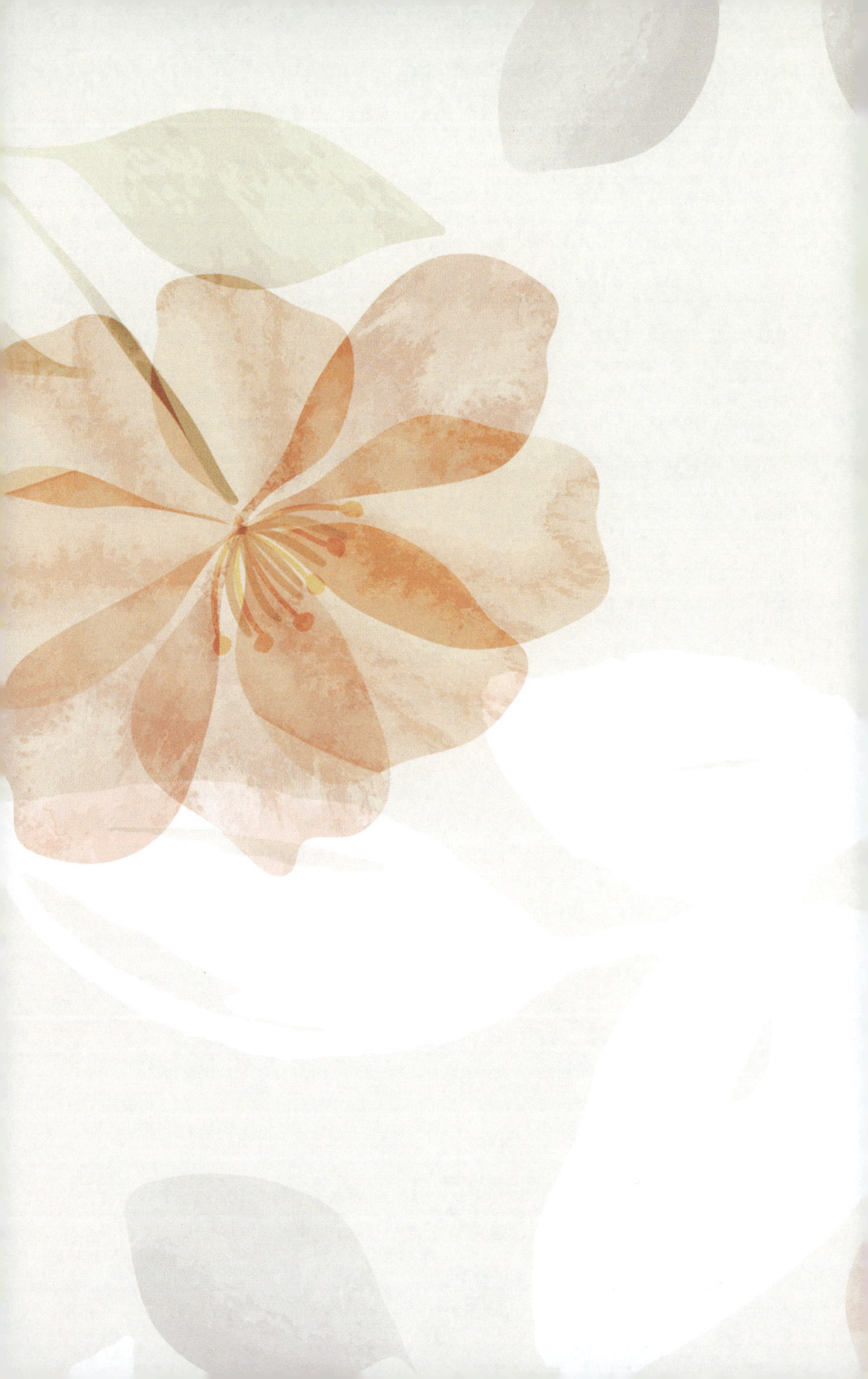

Santidade

Agora, porém, estão livres do poder do pecado
e se tornaram escravos de Deus.
Fazem aquilo que conduz à santidade
e resulta na vida eterna.

ROMANOS 6:22

Seja santa

Pois as Escrituras dizem: "Sejam santos, porque eu sou santo". 1 PEDRO 1:16

Lembro que eu era recém-convertida quando minhas amigas, que não eram cristãs, convidaram-me para dormir na casa de uma delas. No começo fiquei um pouco resistente, mas pensei que poderia ser uma ótima oportunidade para falar de Jesus. Eu pensava comigo mesma: não é só porque me converti que tenho que parar de ir aos lugares que frequentava ou deixar de conviver com as pessoas que andava. Então eu resolvi ir.

Mas, como você deve imaginar, na metade da noite eu já estava arrependida. As meninas fizeram brincadeiras e comentários que me deixaram constrangida, falavam de coisas que não faziam mais parte da minha vida e ali eu percebi que, se quisesse seguir a Jesus, teria que me separar do mundo e fazer algumas renúncias para cumprir o chamado que Ele tinha para mim, mesmo que muitos não compreendessem.

A busca pela santidade deve ir além de um desejo em nosso coração: ela precisa gerar mudanças exteriores. A maneira como falamos ou nos vestimos e até mesmo os lugares que frequentamos: tudo muda! É isso o que Pedro quis dizer quando pediu que não andássemos mais da mesma forma de quando éramos ignorantes, mas que fôssemos santos em toda a nossa conduta agora que conhecemos o Pai (VEJA 1 PEDRO 1:14).

Ser santa é ter um coração tão sensível e sedento por Deus a ponto de se tornar um vaso separado para uso exclusivo dele. E sabe qual é a melhor parte? Fazemos isso com muita alegria no coração. Convido você a olhar para a sua caminhada cristã e refletir: será que você tem mudado suas condutas? Será que tem sido usada exclusivamente por Deus?

Sua conduta de vida falará muito sobre o seu nível de exclusividade. A mudança que aconteceu no seu coração precisa gerar frutos em suas ações e todos aqueles que olharem para você poderão dizer: "Ela é separada para uso exclusivo de Deus"!

- LEIA: 1 Pedro 1:13-16

- EXAMINE: Tito 2:7-8

- REFLITA: Você já viveu alguma situação em que percebeu que aquilo não fazia mais parte da sua nova vida com Jesus? Pense em algumas distrações que podem estar afastando-a de uma vida santa com Deus. O que você precisa fazer para tirá-las do seu caminho?

Oração

Senhor, meu Deus, ajuda-me a viver uma vida de santidade. Que a obra que o Senhor começou em meu coração possa gerar frutos em minhas palavras, atitudes e relacionamentos. Torna-me um vaso exclusivo para a Tua glória. Em nome de Jesus, amém.

SILVANA PIRAGINE

É esposa do pastor Michel Piragine e mãe do Benício e da Nina. Mora em Curitiba, é graduada em Teologia, fundadora do Movimento Uma Voz e do projeto social Imagine. É membro da PIB Curitiba. *"Eu sou escolhida para anunciar as grandezas daquele que me resgatou."*

Uma busca diária

*Dê as seguintes instruções a toda a comunidade de Israel.
Sejam santos, pois eu, o Senhor, seu Deus, sou santo.*

LEVÍTICO 19:2

Há alguns anos fui desafiada a ler o livro *Retorno à Santidade* (AAMP, 2014), do autor Gregory R. Frizzell, juntamente com os pastores e obreiros da minha igreja. Confesso que, quando vi o tema, pensei que não iria aprender nada novo, mas comecei a leitura por obediência. O Espírito Santo me constrangeu já nas primeiras páginas, mostrando que pela postura do meu coração eu tinha muito a aprender e estava longe do processo de santificação.

Muitas vezes achamos que ir ao culto todos os domingos, participar de um ministério ou entregar o dízimo nos torna santas, mas isso é apenas obediência à Palavra de Deus. Santidade é estar separada do pecado, dedicar-se totalmente a Deus, amando a verdade e a justiça e fazendo o bem. E o Senhor, que é perfeitamente santo, nos chama e espera que também vivamos em santidade, sem nos corrompermos com os valores deste mundo.

Mas como é possível sermos santas se somos pecadoras? Existe uma única forma disso acontecer: Jesus Cristo. Ele morreu na cruz por nós, e somos santificadas mediante a fé em Seu amoroso sacrifício. Contudo, graças à nossa natureza decaída, precisamos passar um verdadeiro processo de santificação e lutar contra o pecado.

Essa será uma busca diária em que, na dependência do Espírito Santo e com a prática de disciplinas espirituais como a oração, o jejum e a leitura bíblica, sairemos mais que vencedoras. O segredo da jornada para a santidade é praticar diariamente uma maior intimidade com Deus e a obediência à Sua Palavra. Você tem feito isso?

- LEIA: Romanos 12:1-2

- EXAMINE: Levítico 11:44

- REFLITA: Como tem sido sua busca pelo processo de santificação? Qual sua maior dificuldade em obedecer a Deus e depender do Espírito Santo?

Oração

Senhor meu Deus, agradeço por me fazeres santa mediante o sacrifício do Teu filho Jesus. Ajuda-me a depender do Teu Santo Espírito diariamente e buscar pelo processo da santificação, para que eu possa ser santa como Tu és. Em nome de Jesus, amém.

TATIANA PINELLI

É esposa de Laduir Pinelli há 29 anos e mãe do Bruno e da Maria. Mora em Curitiba, graduada em Administração e Teologia e pós-graduada em Aconselhamento Familiar. Atua como capelã hospitalar e é membro da IBB, onde serve como ministra, conselheira familiar, coordenadora da Escola de Pais e de Comunicação na Rede de Mulheres, além de ser líder de PGMs. *"Eu sou escolhida para transmitir a Palavra de Deus e transformar vidas."*

Santa, eu?

Agora, porém, estão livres do poder do pecado e se tornaram escravos de Deus. Fazem aquilo que conduz à santidade e resulta na vida eterna. ROMANOS 6:22

A santidade é algo que todo crente em Cristo deve buscar, pois Ele nos chamou para ser como Ele: "Sejam santos, porque eu sou santo" (1 PEDRO 1:16). A santificação é um longo processo, estamos sempre crescendo nela e até poderíamos usar uma daquelas faixas com as cores preto e amarelo que são colocadas ao redor das obras na cidade para indicar que estamos "em reforma" durante toda a vida.

Ser santa não é ser perfeita, e sim separada para Deus. É escolher as coisas do Espírito e abandonar as da carne. Isso não acontece rapidamente, mas começa quando recebemos Jesus como Salvador. A partir deste dia a santificação se inicia, e por meio do estudo da Palavra, da oração e da comunhão com a Igreja vamos crescendo em conhecimento e dando liberdade para que o Espírito Santo atue em nossas vidas. A luta é diária, espírito e carne "se confrontam o tempo todo" (GÁLATAS 5:17), como se houvesse uma constante guerra dentro de nós.

Frequentemente nos deparamos com quem pensa que ser santo é algo negativo (e até debocham disso), mas a verdade é que essas pessoas não entendem o conceito de santidade porque não nasceram de novo. Eu me lembro que não gostava de ser chamada de "santinha" quando era jovem, pois isso fazia parecer que os outros não queriam que eu pertencesse à turma, eu me sentia discriminada. Com o amadurecimento espiritual, entendi que deveria ficar contente por ser diferente das demais meninas, aquilo era um sinal de que eu não estava me conformando com o mundo, mas sendo transformada em meu "modo de pensar" (ROMANOS 12:2).

A leitura da Palavra, os estudos bíblicos, a oração e a comunhão com meus amigos da Igreja foram fundamentais para que eu fosse fortalecida para ser "diferente" na faculdade. Por isso creio que receber "elogios" como: "Você é tão legal que nem parece crente!" deve nos levar a um exame interior. Se realmente estamos agindo como as pessoas do mundo, algo está tremendamente errado em nossas vidas, pois ser santa é ser diferente e separada para Deus.

Uma ilustração interessante está no vestido de noiva: ele é escolhido com esmero, guardado numa capa em um lugar especial, só esperando o dia para ser usado na cerimônia de casamento. A noiva não vai usá-lo antes da hora nem fazer faxina com ele, pois aquela peça foi feita para uma ocasião especial, separada para aquele dia, "santificada" para o casamento. Da mesma forma, Deus quer que nós, Suas filhas, a Igreja de Cristo, vivamos ansiando pelo dia das bodas com o Cordeiro, nos preparando para a comunhão com Ele e nos santificando pela Palavra.

Assim, enquanto estivermos "deste lado", que possamos exercer nossa influência e trazer a luz, esperança e salvação de Cristo para todos que cruzarem o nosso caminho. Santa, eu? Sim! E pela graça de Deus sigo neste processo com alegria, por estar fazendo a vontade do meu Pai.

- LEIA: 1 Pedro 1:14-25

- EXAMINE: Levítico 11:45, 19:2, 20:7; Gálatas 5:17-26, Hebreus 12:14

- REFLITA: Qual a diferença entre o conceito bíblico e o popular de santidade? Como você tem se santificado para Deus? Já se sentiu mal quando lhe chamaram de "santinha" ou "santarrona"? Por quê? Quais áreas da sua vida precisam melhorar para que você seja mais santa e parecida com Jesus? Como você tem feito a diferença na vida das pessoas ao seu redor?

Oração

Querido Deus, muito obrigada por Teu amor e salvação. Quero estar cada dia mais próxima daquilo que Tu planejaste que eu fosse. Ajuda-me no processo de santificação, sem o qual não verei a ti. Que eu seja instrumento do Senhor para a salvação e crescimento de muitas pessoas. Em nome de Jesus, amém.

HEDY SILVADO

É esposa do pastor Luiz Roberto Silvado há 44 anos, mãe do Fernando, da Eloísa e do Brenno e avó de quatro netos: Matheus, David, Sarah e Daniel. Mora em Curitiba. Graduada em Odontologia e pós-graduada em Inglês e Tradução. Aposentada, atua como tradutora *freelancer*. É membro da IBB, onde serve nas áreas de tradução e revisão de textos, no discipulado de mulheres e casais e lidera grupos de oração. *"Eu sou escolhida para acolher, nutrir e discipular mulheres."*

Um estilo de vida

*Consagra-os na verdade,
que é a tua palavra.* JOÃO 17:17

Na Bíblia, santidade diz respeito a ser separado do mal e daquilo que nos afasta de Deus. É ter um estilo de vida com os padrões celestiais que agradam ao Senhor. Isso requer esforço, exige dizer não ao pecado e renovar a mente diariamente, como Paulo instrui em uma de suas cartas: "Não imitem o comportamento e os costumes deste mundo, mas deixem que Deus os transforme por meio de uma mudança em seu modo de pensar" (ROMANOS 12:2).

A santidade está fora dos limites da religiosidade. Ir aos cultos todo domingo, ler um devocional diariamente ou participar das liturgias não nos garante que seremos santos. Para isso é preciso ter uma vida prática, constante e alinhada aos valores do Céu, conforme ensinou Tiago: "Não se limitem, porém, a ouvir a palavra; ponham-na em prática. Do contrário, só enganarão a si mesmos" (1:22).

Logo que tive minha primeira filha, eu e meu esposo passamos por um processo muito delicado no casamento. Nós ficamos distantes e não nos conectávamos mais. Foram dias bem difíceis, pois tudo era novo: uma bebê abençoada em casa, mudanças no meu corpo, o distanciamento entre o casal e o esposo se afastando de Deus. Eu tive que fazer a escolha de me santificar e posicionar como mulher, e foi assim que descobri que de fato "o marido descrente é santificado pela esposa, e a esposa descrente é santificada pelo marido" (1 CORÍNTIOS 7:14).

Todos os dias eu me posicionava como uma mulher separada por Deus, nutria-me da Palavra e alimentava meu esposo com atitudes e virtudes de alguém que tinha valores divinos e então a mudança foi acontecendo dia após dia. Hoje nos conhecemos ainda mais, temos um casamento feliz, tivemos mais duas filhas e toda a minha casa serve ao Senhor.

Junto com o meu posicionamento, o Senhor despertou em mim o desejo por me santificar em Sua Palavra e assim surgiu o Movimento Mulheres do Alto, em que diariamente envio um áudio em grupos *on-line* com uma palavra vinda diretamente do Céu. Para a glória de Deus, hoje esse simples devocional tem alcançado muitos lares e inúmeras mulheres dentro e fora do país, e é claro que você está convidada para conhecer nossas redes sociais e fazer parte disso.

Quando nos posicionamos, o Pai nos movimenta de acordo com os planos que tem para as nossas vidas, que são sempre bons, perfeitos e agradáveis. Quem busca por santidade tem humildade, dependência de Deus e anda na verdade dele. Sabemos que vamos errar ao longo da vida, mas precisamos nos arrepender, reconhecer nossos erros, pedir perdão e retornar ao caminho correto.

Nossos momentos diários de porta fechada e intimidade, construindo nosso relacionamento com o Senhor, nos levarão a conhecer Seus caminhos, e nos tornarmos cada vez mais parecidas com Ele. Guarde isso: santidade tem origem no hebraico *kadosh*, que significa santo ou consagrado, no sentido de estar em constante processo, nos colocando à parte e nos separando do que fere os princípios de Deus. Por isso, leia, medite, ame e se interesse pela Palavra, ela é a fonte da verdade e nos transforma de dentro para fora.

- LEIA: João 17:16-19
- EXAMINE: 1 Tessalonicenses 4:7
- REFLITA: Você consegue dizer não para o pecado? Você tem uma prática diária de leitura da Palavra? Você anda na verdade? Lembre-se: a santidade é um processo diário.

Oração

Espírito Santo, ajude-me a caminhar em verdade, não negociar os valores do Reino de Deus e buscar a santidade diariamente. Que eu possa reconhecer meus erros, pedir e dar perdão sem medidas. Obrigada por Tua misericórdia e amor cuidadoso e fiel, que se renova a cada manhã sobre minha vida. Eu te amo com tudo o que tenho, Senhor. Em nome de Jesus, amém.

LARISSA CESAR

É esposa do Rafael Cesar há 20 anos e mãe de Ranya, Rayssa e Rayana. Mora em Itajaí/SC, é graduada em Pedagogia e pós-graduanda em Teologia Sistemática. Atua como professora dos anos iniciais do ensino fundamental. É membro da Igreja Bola de Neve, onde serve como líder do Ministério Mulheres do Alto e mentora do curso Experiência do Lar. *"Eu sou escolhida para levantar mulheres que amem a palavra de Deus e a coloquem em prática."*

Escolhida

Vocês, porém, são povo escolhido, reino de sacerdotes, nação santa, propriedade exclusiva de Deus. Assim, vocês podem mostrar às pessoas como é admirável aquele que os chamou das trevas para sua maravilhosa luz. 1 PEDRO 2:9

Certa noite eu estava chegando em casa com minhas filhas, todas cansadas e com fome, quando a mais velha pegou a chave para me ajudar a abrir a porta e a fechadura quebrou. Ficamos trancadas do lado de fora e só depois de algum tempo foi que meu marido chegou e resolveu a situação.

Minha filha ficou muito chateada por aquilo ter acontecido. Logo expliquei que isso aconteceria com a próxima pessoa que abrisse a porta e que a culpa não tinha sido dela. Foi aí que um comentário da mais nova me fez refletir: "Você foi a escolhida!". A frase pode parecer muito simples, mas me despertou a atenção pelo fato de que, apesar de ser a escolhida não ter sido algo muito bom na ocasião, tudo ficou bem no final.

Isso me faz refletir: você foi escolhida? Para quê?

Ser escolhida é ser separada para algo. Quando Deus nos escolhe e nos dá uma missão, Ele não separa pessoas plenamente santas, mas as que estarão dispostas a passar pelo processo de santificação, que não acontece da noite para o dia. Você que é escolhida, separada para ser voz de esperança, que está sendo levantada por Deus para impactar essa geração com as boas novas de salvação, precisa submeter-se a uma linda jornada pela santidade.

Neste processo, você fará renúncias e escolhas baseadas na direção de Deus e aprenderá que, à medida que se colocar humildemente numa posição de serva que deseja honrar ao Criador, começará a ser forjada e preparada. Isso a levará a um lugar lindo e aconchegante, onde toda mulher precisa ter alegria por estar: os braços do Pai. Consagre-se ao Senhor e Ele fará coisas lindas que você nunca conseguiu nem imaginar. Assuma esse papel de mulher escolhida para realizar tudo o que Ele confiar a você.

- LEIA: 1 Pedro 2
- EXAMINE: Josué 3:5
- REFLITA: Você está pronta para o processo de santificação? Liste quais são os hábitos que precisam ser deixados de lado e quais você precisa desenvolver para que esse processo seja real em sua vida.

Oração

Senhor, obrigada por me escolheres. Coloque em mim o desejo de agradar a ti em tudo o que eu fizer. Senhor, submete-me à Tua vontade, santifica-me, molda-me e usa-me como Tu quiseres. Em nome de Jesus, amém.

SILVANA MONTEIRO

É casada com Fernando Sérgio Monteiro há 16 anos, mãe da Rafaela e da Julia. Mora em Curitiba, graduada em Serviço Social e pós-graduada em Políticas Públicas e Desenvolvimento Social. Atua como executiva do Conselho de Ação Social da Convenção Batista Paranaense (CBP) e é membro da Igreja Batista Bom Retiro (IBBR), onde serve como líder do Ministério de Ação Social. "Eu sou escolhida para inspirar pessoas a proclamarem o evangelho por meio de ações que transbordam o amor de Deus."

Notas:

Notas:

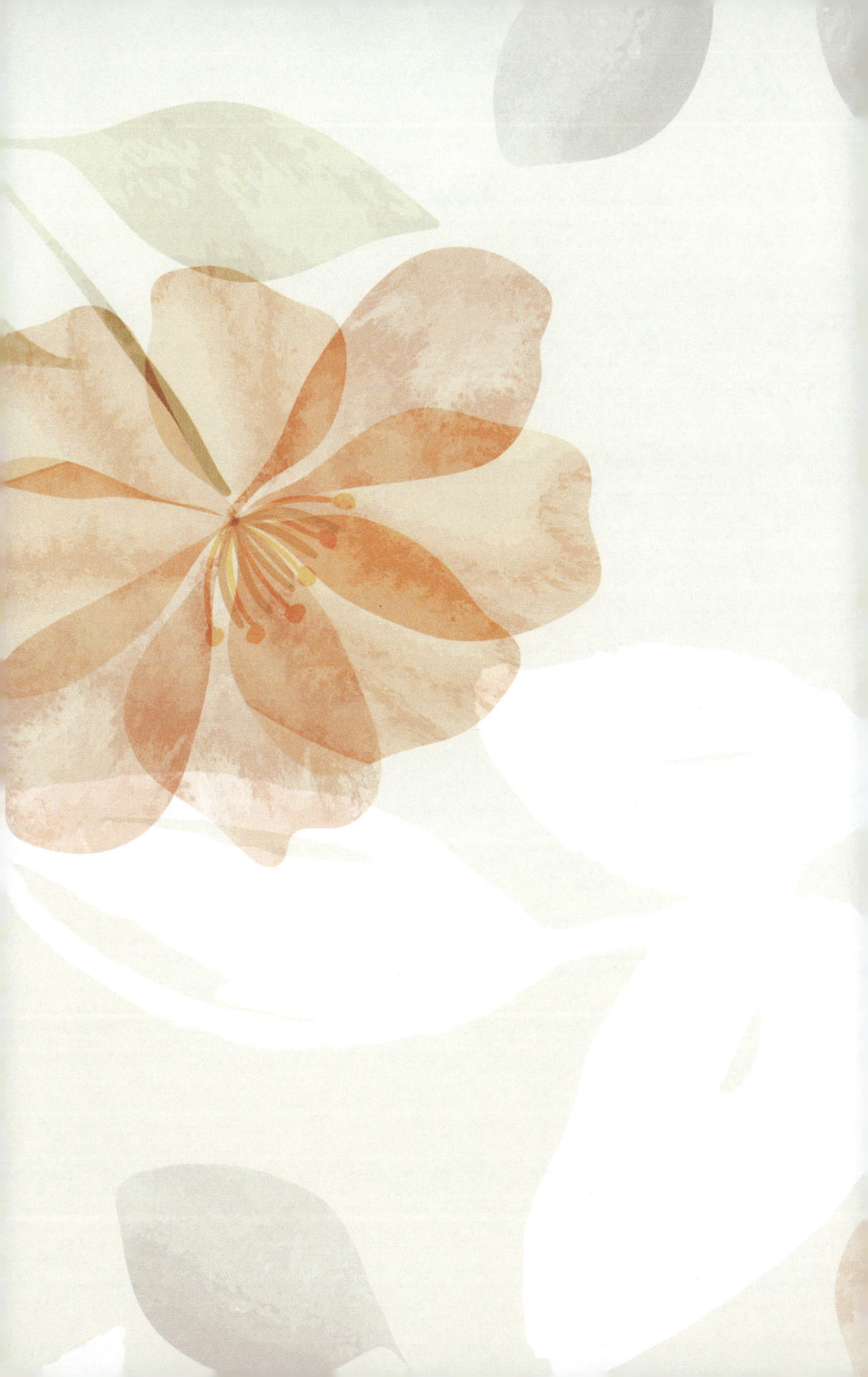

Obediência

Aqueles que aceitam meus mandamentos
e lhes obedecem são os que me amam.

JOÃO 14:21

Entrega que gera obediência

Jesus respondeu: "Se você quer ser perfeito, vá, venda todos os seus bens e dê o dinheiro aos pobres. Então você terá um tesouro no céu. Depois, venha e siga-me". MATEUS 19:21

Havia um jovem que buscava fervorosamente o sentido da vida. Ele caminhava pelos caminhos empoeirados da Judeia enquanto seu coração inquieto clamava por respostas que o mundo não podia dar. Um dia ele encontrou Jesus, o Mestre cuja fama ecoava por toda a região. Com passos hesitantes, o moço se aproximou e lançou sua pergunta: "Mestre, que boas ações devo fazer para obter a vida eterna?". Jesus, cujos olhos penetravam as profundezas da alma, olhou para ele com amor e respondeu: "Guarde os mandamentos".

O jovem, embora obediente às leis, sentiu um aperto em seu coração, pois sabia que algo que ainda não tinha sido feito era exigido dele. Então perguntou novamente: "O que mais devo fazer?". Jesus olhou para ele vendo além da aparência e riqueza que o cercava, e disse com voz suave: "Vá, venda todos os seus bens e dê o dinheiro aos pobres. Então você terá um tesouro no céu. Depois, venha e siga-me".

O coração do jovem rico se encheu de tristeza, pois possuía muitas propriedades. Ele se afastou pesaroso, já que só estava disposto a obedecer até certo ponto e o que lhe foi pedido ia muito além disso. Quando se tratava de renunciar a suas posses, ele vacilava. Quantas vezes somos como esse rapaz descrito em Mateus 19? Estamos dispostas a seguir a Deus só até certo ponto, relutantes em entregar totalmente nossa vida a Ele.

Deus não deseja apenas nossa obediência externa, mas anseia por nossos corações e entrega total. Ele nos chama para deixar de lado o que nos prende, sejam riquezas materiais, orgulho ou qualquer outra coisa que nos afaste de Sua presença. Deus quer que confiemos plenamente nele, reconhecendo que Ele é o verdadeiro tesouro e o único que pode satisfazer nossa alma de forma genuína.

Que possamos responder ao chamado do Senhor para a entrega total, sabendo que Ele é digno de toda a nossa confiança e devoção. Que possamos seguir Jesus de todo o nosso coração, sem reservas, confiantes de que nele encontramos a verdadeira vida e felicidade.

- LEIA: Mateus 19:16-22

- EXAMINE: Lucas 14:33

- REFLITA: Entregar-se a Deus é uma jornada de fé, em que confiamos que Ele sabe o que é melhor para nós mesmo quando não entendemos Seus caminhos, é abrir mão do controle e permitir que Ele guie nossas vidas com Sua infinita sabedoria. Você tem se entregado verdadeiramente ao Senhor?

Oração

Senhor, perdoa-me por resistir à Tua vontade e por buscar meus próprios desejos em vez dos Teus. Hoje renuncio a todo orgulho, egoísmo e autossuficiência, e coloco minha confiança inteiramente em ti. Que o meu coração seja moldado segundo o Teu querer, que meus passos sejam guiados pela Tua luz e que minha vida reflita Tua graça e amor a cada dia. Senhor, ajuda-me a viver em constante entrega a ti, encontrando paz e alegria na certeza de que estou segura em Teus braços.
Em nome de Jesus, amém.

PAULA MAYNARDES

É esposa do pastor Diego Augusto Maynardes há 15 anos e mãe do Lucas e do Joaquim. Mora em Curitiba, é graduada em Consultoria de Imagem e Estilo pelo SENAC-PR e atua como missionária, palestrante e consultora de imagem e estilo. É membro da Igreja Presbiteriana do Brasil no Capão da Imbuia (IPBCI), onde serve no Ministério de Mulheres, e criou o Two Moda e Mente, projeto que visa trabalhar com a mulher desde a essência até a aparência. *"Eu sou escolhida para levar às mulheres a verdadeira identidade que só pode ser encontrada em Cristo."*

A chave para a vitória

Aqueles que aceitam meus mandamentos e lhes obedecem são os que me amam. JOÃO 14:21

As Escrituras revelam a obediência como um princípio orientador da vida bem-sucedida. Fico maravilhada sempre que leio sobre as conquistas em decorrência da confiança em Deus, principalmente quando a direção recebida vai contra a lógica humana.

Rodear Jericó sete vezes, e no sétimo dia rodeá-la novamente e gritar? Que arma é esta capaz de derrubar os muros de uma cidade? Gideão enfrentar um exército poderoso com apenas 300 homens, trombetas, jarros e tochas e, ainda assim, vencer o inimigo? A determinação de Neemias em reconstruir os muros de Jerusalém mesmo enfrentando oposição e sua decisão de permanecer fiel e obediente até a conclusão da obra? O que dizer dos profetas corajosos e obedientes que entregavam os recados do Senhor mesmo correndo risco de morte? E os discípulos que enfrentavam prisões declarando: "Devemos obedecer a Deus antes de qualquer autoridade humana" (ATOS 5:29)?

Ao refletir nestes exemplos sou incentivada a firmar os olhos não só em seus resultados, mas também nos sentimentos que os levaram à obediência, e concluo que esta é a maior prova de amor que podemos dar ao Senhor: abrir mão da nossa vontade para agradar ao Pai a quem amamos, crendo que Ele sabe o melhor caminho e, por isso, devemos obedecê-lo.

Obedecer não é um sentimento, mas uma escolha. No entanto, o que nos move a ela é o amor. Mesmo sabendo de tudo isso, penso que a questão mais difícil em relação à obediência é quando precisamos lutar contra a nossa vontade. O nosso eu tem a tendência de se negar a isso. A natureza decaída que herdamos de Adão nos leva a questionar, argumentar e justificar. Encontramos muitas desculpas para tentar adiar a decisão. É bem mais fácil obedecer quando isso não nos custa nada, quando não precisamos renunciar ao que estamos apegadas.

Ah, quão precioso é o amado Espírito Santo, que suavemente nos convence de que vale a pena seguir pela estrada da obediência! Para Ele posso declarar: "Mostra-me se há em mim algo que te ofende e conduze-me pelo caminho eterno" (SALMO 139:24). Sim, é possível obedecer pelo Espírito quando estamos em profunda comunhão com Ele, que aplaina o caminho, afasta a incredulidade, o medo e a dúvida, iluminando nossos passos e nos conduzindo à vitória.

Quanto mais temos de Deus, mais queremos agradá-lo. Quanto mais próximas dele, mais capacitadas, fortalecidas e envolvidas na escolha de fazer o que Ele espera de nós e obedecer à Sua vontade. A sequência do versículo principal desta reflexão diz: "porque me amam, serão amados por meu Pai. E eu também os amarei e me revelarei a cada um deles" (JOÃO 14:21). Sim, a obediência é a chave para a vitória!

- LEIA: Atos 5:29

- EXAMINE: Josué 6:20, Juízes 7:20, Neemias 6:15, 1 Reis 22:19

- REFLITA: Você tem se rendido à vontade do Senhor? Tem agradecido pelas oportunidades de servir que Ele tem lhe dado? Tem pedido que o seu coração esteja sempre inclinado a obedecer-lhe?

Oração

Senhor, peço-te que me ajudes a ter um coração obediente. Que eu seja um instrumento para Tua glória, assim como foram os heróis da fé descritos na Tua Palavra. Em nome de Jesus, amém.

TÂNIA HIRSH

É esposa de Gilberto Azevedo Hirsh há 40 anos. Mora em Curitiba, é graduada em Ciências Físicas e Biológicas e funcionária aposentada do Banco do Estado do Paraná. Atuou como coordenadora do Mulheres Cristãs em Ação (MCA) por 15 anos, da União Feminina Missionária Batista Paranaense (UFMBP) e foi presidente da União Feminina Batista da Grande Curitiba. Hoje é coordenadora da Escola de Artes da Associação Social e Educacional Barnabé (ASEBA) e membro da Igreja Batista do Hauer (IBH), onde serve como líder do Ministério de Intercessão. *"Eu sou escolhida para servir ao Senhor no ministério de intercessão."*

Onde Deus quer que eu esteja

Toda a glória seja a Deus que, por seu grandioso poder que atua em nós, é capaz de realizar infinitamente mais do que poderíamos pedir ou imaginar. A ele seja a glória na igreja e em Cristo Jesus por todas as gerações, para todo o sempre! Amém. EFÉSIOS 3:20-21

Fazemos inúmeras escolhas durante a nossa vida, algumas são reflexo de nossa intimidade com o Pai, outras nos fazem sofrer justamente por não termos buscado discernimento nele. Há ainda momentos em que não compreendemos de imediato o lugar onde Deus desejou que estivéssemos, mas no futuro vemos isso se tornar um testemunho para glorificar o nosso Criador e cumprir Sua vontade.

O profeta Jonas foi um caso em que a escolha de estar fora da vontade de Deus lhe causou sérios problemas. Já Ester foi exortada por seu primo Mardoqueu para entender que a posição de rainha em que ela estava fazia parte de um plano divino muito maior. Eu já experimentei mais de uma vez o sentimento de estar em um lugar que não fazia sentido para mim e, anos mais tarde, poder testemunhar da provisão de Deus.

Recentemente tenho vivenciado o que é responder à orientação do Pai para estar em determinado lugar, deixando sonhos e planejamentos para trás por crer que Ele tem algo maior a fazer por meio da minha vida. Eu sempre quis ser jornalista e prestei vestibular por três anos. Nas duas primeiras vezes não passei e fui direcionada a cursos técnicos que não eram o meu objetivo. Eu não entendia o motivo, mas aproveitei as oportunidades. Até que passei em uma universidade particular na minha terceira tentativa e 20 dias após o resultado entrei em um emprego em que o salário era exatamente o valor da mensalidade, e eu só o consegui porque tinha aqueles dois cursos técnicos em meu currículo.

Eu também sonhava em ser repórter de determinado jornal do meu estado. Após a faculdade, cheguei a fazer alguns trabalhos esporádicos para ele, mas não havia possibilidade de contratação. Acabei seguindo pelo caminho da assessoria de imprensa e achei que ali seria o meu lugar. Anos mais tarde, em um evento promovido pela assessoria em que eu atuava, conheci uma pessoa que abriu novamente as portas para o jornal que sempre sonhei. Foi aí que entendi, mais uma vez, que eu estava sim no lugar que Deus queria.

Permaneci por sete anos naquele jornal até compreender que meu tempo ali havia acabado. Deus havia preparado uma oportunidade para que eu trabalhasse com o meu marido na empresa que ele fundou e testemunhasse, mais uma vez, o cuidado e generosidade do Pai. E mais: para que eu aprendesse a depender inteiramente de Sua provisão. Deixei o sonho de uma vida e carreira em ascensão para dar um passo de fé e estar no lugar onde Deus queria que eu estivesse. Tudo para a glória do nome dele e para testemunhar dos Seus feitos.

- LEIA: Ester 4:12-14

- EXAMINE: Romanos 8:28

- REFLITA: Em que momentos da sua vida você testemunhou sobre Deus por estar exatamente no lugar que Ele havia preparado? Você tem estado atenta às orientações do Pai para sua vida ou tem se distraído?

Oração

Pai, que os meus olhos não se desviem do Senhor, e que os meus ouvidos estejam atentos a ouvir a Tua direção. Que eu sempre deseje estar no lugar onde Tu queres que eu esteja, não para o meu deleite, mas para testemunhar Tuas maravilhas e glorificar o Teu nome. Amém.

ANGÉLICA FAVRETTO

É esposa do Anderson Brignol há três anos. Mora em Curitiba e é graduada em Jornalismo. Já atuou como assessora de imprensa em diversas empresas, foi repórter e editora na Gazeta do Povo e hoje administra uma escola de *skate*. É membro da IBB, onde serve como líder de PGM, facilitadora da Coluna Perspectiva Feminina do boletim semanal, auxilia no ministério Lidera Mentoring e é responsável pela comunicação da Capelania Prisional Batista. *"Eu sou escolhida para testemunhar o cuidado de um Deus que transforma histórias."*

Uma experiência de fé

Pela fé, Noé construiu uma grande embarcação para salvar sua família do dilúvio. Ele obedeceu a Deus, que o advertiu a respeito de coisas que nunca haviam acontecido. Pela fé, condenou o resto do mundo e recebeu a justiça que vem por meio da fé. HEBREUS 11:7

A história de Noé é um exemplo poderoso de fé. Ele construiu uma arca para salvar sua família do dilúvio e obedeceu a Deus mesmo quando isso parecia não fazer sentido. Noé confiou na palavra do Senhor e seguiu Suas instruções mesmo sem as entender completamente.

Assim como aconteceu na vida dele e de sua família, Deus sempre nos convida a um propósito maior, porém precisamos fazer a nossa parte. Nossa decisão em obedecer ao Senhor muda o rumo da nossa história, cada passo de fé que deixamos de dar é um milagre que deixamos de experimentar. Diante da história de Noé, podemos tirar três lições para vivermos uma autêntica experiência de fé:

Confiar: Noé confiou na palavra de Deus mesmo quando ela parecia inexplicável. Ele viveu o processo, confiando que o Pai cumpriria Suas promessas. Você já se viu diante de uma situação assim, em que Ele parecia estar falando algo que simplesmente não fazia sentido para você? Nosso desafio é confiar que Ele está agindo mesmo quando não conseguimos entender. Devemos confiar que Deus completará a obra que começou em nós, pois "são felizes os que confiam em ti!" (SALMO 84:12).

Escutar a direção: Noé seguiu a direção divina, mesmo que ela fosse diferente da visão humana dele. Devemos buscar a direção de Deus em todas as áreas de nossa vida, confiando que Ele tem planos bons, e não maus, para nós. Se temos o direcionamento do Senhor, temos tudo o que precisamos, pois Ele nos fala em detalhes. Não podemos esquecer de buscar uma resposta e, se Ele já a concedeu, o que falta para prosseguirmos e nos posicionarmos nesse lugar? Quais são nossas justificativas? As desculpas podem até nos justificar, mas não mudarão a nossa história.

Renúncia: Tão difícil quanto construir uma arca foi ter que abandoná-la depois que o dilúvio passou. A arca tinha um propósito e o cumpriu. Se não estamos prontas a renunciar o que passou, não podemos receber o novo de Deus. Algumas pessoas ficam presas ao passado e não conseguem viver um novo tempo em suas vidas. É por isso que devemos estar dispostas a abandonar o que passou e abraçar as novas estações que Deus nos oferece.

Para viver uma experiência de fé precisamos confiar, buscar direção e estarmos dispostas a renunciar ao passado. Você tem feito isso?

- LEIA: **Hebreus 11:7**

- EXAMINE: **Gênesis 7:5**

- REFLITA: O que você precisa confiar ao Senhor hoje? Em que área da sua vida você precisa da direção dele? O que você precisa renunciar para receber o novo que Deus tem para você?

Oração

Jesus, ajuda-me a viver uma nova experiência de fé, obedecendo com confiança, escutando os detalhes da Tua direção e estando sempre pronta a renunciar o que não faz mais parte da nova estação que Tu tens pra mim. Amém.

ARIANE CHABARIBERY

É esposa do pastor Thiago Chabaribery há 15 anos e mãe de três meninos: João, Davi e Pedro. Mora em Curitiba, é graduada em Teologia e membro da IBB Campus Uberaba, onde serve como ministra, líder de jovens casais e da rede de PGMs. *"Eu sou escolhida para servir e testemunhar do amor e do poder de Deus."*

A linguagem de amor de Deus

Aqueles que aceitam meus mandamentos e lhes obedecem são os que me amam. E, porque me amam, serão amados por meu Pai. E eu também os amarei e me revelarei a cada um deles. JOÃO 14:21

As linguagens de amor são formas pelas quais expressamos e recebemos esse sentimento. Segundo Gary Chapman, há cinco delas e, assim como temos preferências diferentes, também temos maneiras diferentes de nos sentir amadas e expressar amor para os outros. O que vem à sua mente quando você pensa na forma pela qual Deus se sente amado?

Podemos encontrar essa resposta na fala de Jesus em João 14:21, destacada acima. Esta declaração revela que Ele se sente amado quando obedecemos aos Seus mandamentos e assim nos tornamos amadas do Pai. Mas o que torna a obediência tão significativa como linguagem de amor a Deus?

Para responder essa pergunta, podemos ressaltar que a obediência demonstra nossa confiança nele. Quando o obedecemos, é como se disséssemos que o amamos o suficiente para confiar em Suas instruções e seguir Seus caminhos, mesmo quando não os compreendemos totalmente. Essa profunda confiança fortalece nossa conexão com o Senhor.

Obedecer também reflete nossa disposição em submeter nossas vontades à vontade soberana de Deus. Em uma sociedade que nos encoraja a sempre buscar nosso próprio desejo, liberdade e satisfação, escolher obedecer a Deus vai na contramão. No entanto, é nessa atitude que encontramos a verdadeira liberdade e satisfação.

Além disso, a obediência também é uma resposta ao amor que Deus tem por nós. Ele nos ama incondicionalmente e deu Seus mandamentos para o nosso bem. Cada um deles é uma expressão de Seu cuidado e sabedoria, com o propósito de nos proteger, guiar e aperfeiçoar à Sua imagem e semelhança.

Por fim, obedecer é um ato de amor que traz alegria ao coração de Deus. Assim como um pai se alegra ao ver seu filho sendo obediente, Deus se deleita em ver Suas filhas escolhendo segui-lo e obedecê-lo.

- LEIA: João 14:15-21
- EXAMINE: Lucas 11:28
- REFLITA: Jesus enfatiza a importância de não apenas ouvir a palavra de Deus, mas também obedecê-la. A verdadeira felicidade vem não apenas da compreensão intelectual da Palavra, mas de sua aplicação prática em nossas vidas. Como podemos ser obedientes aos mandamentos de Deus em nosso cotidiano? Como podemos reconhecer a vontade de Deus em todas as áreas da nossa vida, permitindo que Ele direcione todos os nossos passos?

Oração

Querido Deus, obrigado por me amares tão profundamente. Ajuda-me a compreender que a obediência é mais do que simplesmente seguir regras, mas uma expressão vívida do meu amor por ti. Capacita-me a confiar em Tua orientação, submeter minha vontade à Tua soberania e priorizar meu relacionamento contigo. Que eu possa expressar meu amor por ti através da obediência, reconhecendo que esta é uma linguagem preciosa e poderosa que fortalece o nosso relacionamento. Amém.

MÉRCIA MACHADO

É casada com Rubens Machado há 30 anos, mãe da Militza e da Juliana e avó do José. Mora em Curitiba, é graduada em Educação Física, doutora em Educação e servidora pública federal. É membro da IBB, onde serve no Ministério de Mulheres. *"Eu sou escolhida para ajudar mulheres a desenvolverem uma fé sólida, aprofundarem seu relacionamento com Deus e encontrarem sua identidade e propósito em Cristo."*

Notas:

Notas:

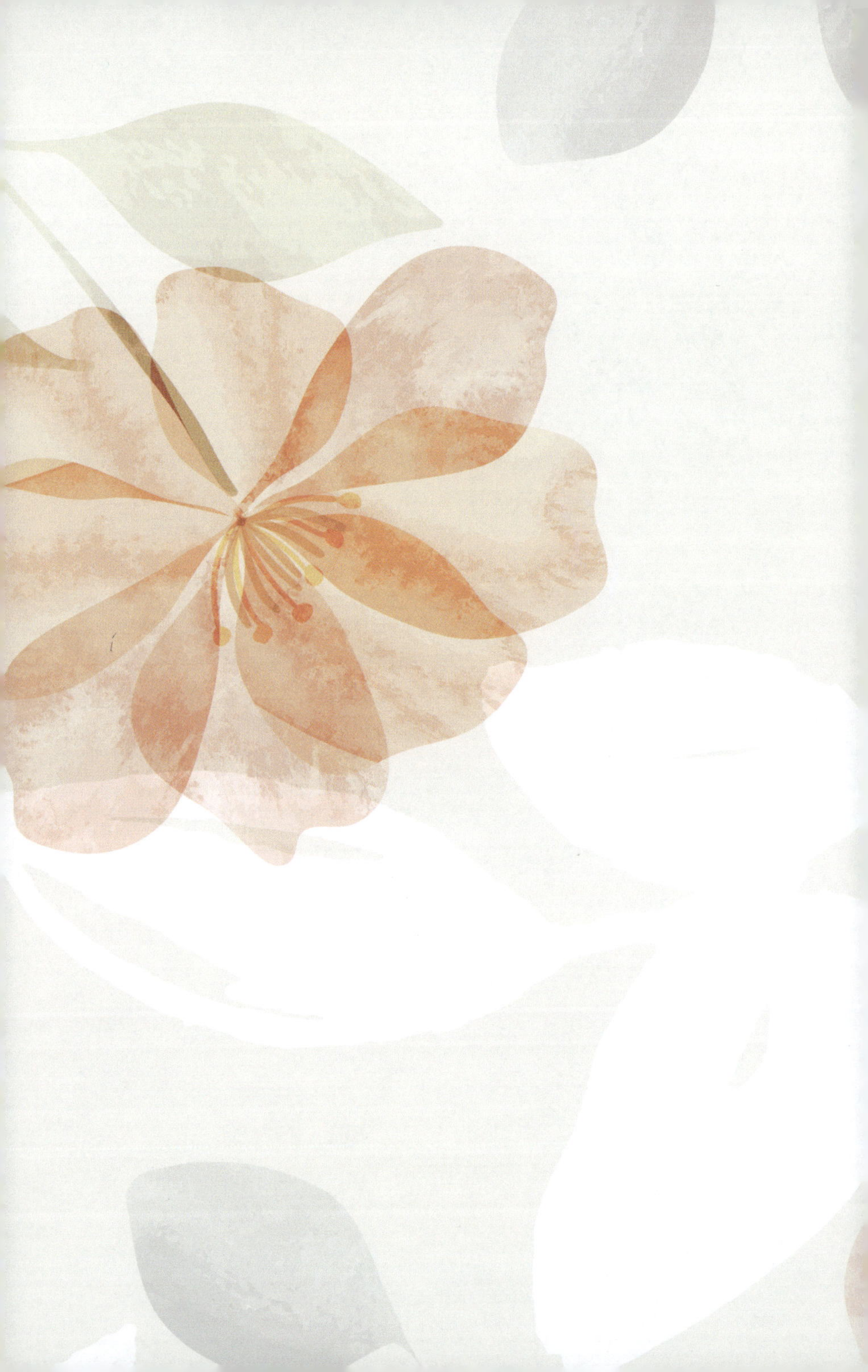

Propósito

*Quem sabe não foi justamente para
uma ocasião como esta que você chegou
à posição de rainha?*

ESTER 4:14

Lar, o meu primeiro propósito

> *Devem instruir as mulheres mais jovens a amar o marido e os filhos, a viver com sabedoria e pureza, a trabalhar no lar, a fazer o bem e a ser submissas ao marido. Assim, não envergonharão a palavra de Deus.* TITO 2:4-5

Em algum momento todos teremos a dúvida: "para que eu existo?". Cada pessoa tem um propósito primário e secundário. O primário é geral e corresponde a 80% da nossa realização e a partir dele podemos encontrar o secundário, que é mais específico e individual. O propósito primário da mulher e um dos pontos de partida para os demais objetivos em nossa vida é o lar. Este sempre foi o primeiro lugar de revelação do agir de Deus.

Nos primeiros capítulos de Gênesis, conhecemos o plano original e as intenções do Criador para a Sua criação. Vemos que ao formar a primeira mulher dentro do jardim do Éden, o primeiro lar, Ele a capacitou para também manifestar Sua imagem e semelhança. Além disso, Deus instruiu que o primeiro casal governasse todas as coisas criadas em parceria. Assim, podemos dizer que o lar, o ambiente dos relacionamentos e da família, foi o primeiro lugar onde a mulher exerceu uma missão.

Todo projeto que tenhamos fora desse âmbito será ainda mais bem-sucedido se não perdermos a conexão com nossa própria casa e família, pois isso corresponde à primeira missão que nos foi dada por Deus: edificar, zelar e guardar o jardim, o nosso lar. É a partir deste primeiro propósito que tudo o que realizarmos fará sentido.

Ao aconselhar Tito quanto ao que ele deveria ensinar aos irmãos de Creta, Paulo direciona alguns versículos às mulheres daquela comunidade, e a partir deles percebemos que o instrumento de transformação de vidas naquela ilha era a prática da fé dentro dos lares. O bom senso, a reverência, o cuidado com a língua, o amor ao marido e aos filhos, a sensatez, pureza, bondade e o cuidado com a casa certamente eram práticas de uma mulher piedosa.

Contudo, havia um engano pairando aquela igreja, eles criam que as práticas de segunda a sexta-feira não tinham conexão com o que era feito no fim de semana. Paulo queria enfatizar que o cotidiano deveria refletir a fé. O "fazer" e o "crer" estão conectados. E entre tantos conselhos ele escolheu falar especificamente do plano original para as mulheres, seu propósito no lar.

Há um grande privilégio aqui: revelar o evangelho enquanto cuidamos dos nossos e dos que estão em nossa casa. Essa é a fé com obras que Deus espera de nós. Cuidar do lar é um culto a Deus, pois uma casa saudável prega o evangelho e o Pai nos designou enquanto mulheres para administrar este nobre propósito.

- LEIA: Tito 2:3-5
- EXAMINE: Gênesis 2:15-25
- REFLITA: Que dúvidas você já teve a respeito do seu propósito de vida? Como seguir o seu primeiro propósito pode ajudá-la a pregar o evangelho e participar da missão de Deus no mundo?

Oração

Pai, muito obrigada pela honra e pelo privilégio de ter um lar para manifestar a Tua vida através de mim. Perdoa-me pelas vezes que murmurei com relação a isso. Ajuda-me a cumprir o meu primeiro propósito de vida com amor, alegria e leveza para que o evangelho seja visto a partir da minha casa. Amém.

RAQUEL ROMAGNOLI

É esposa do pastor Michael Romagnoli há 23 anos e mãe da Elisa e do Arthur. Mora em Curitiba e atua como *personal organizer*, além de ser idealizadora da Escola do Lar, projeto voltado e ensinar mulheres sobre o plano divino da organização de suas casas. É membro da Primeira Igreja Batista Independente de Curitiba (IBI Curitiba) e formada no curso de Missões do Diante do Trono (CFM-DT). *"Eu sou escolhida para transformar lares."*

Fui chamada para servir

Portanto, irmãos, suplico-lhes que entreguem seu corpo a Deus, por causa de tudo que ele fez por vocês. Que seja um sacrifício vivo e santo, do tipo que Deus considera agradável. Essa é a verdadeira forma de adorá-lo. Não imitem o comportamento e os costumes deste mundo, mas deixem que Deus os transforme por meio de uma mudança em seu modo de pensar, a fim de que experimentem a boa, agradável e perfeita vontade de Deus para vocês. ROMANOS 12:1-2

Frequentemente, ao passarmos por alguma dificuldade, nos aproximamos ainda mais da igreja para nos reconectar com Deus e buscar conforto. E como é precioso encontrar auxílio em nossa família na fé! Você já teve a oportunidade de vivenciar algo assim? Nestes momentos, corremos o risco de permanecer por um longo período em nossa zona de conforto, adotando uma conduta de busca por solucionar apenas a própria dor e acreditando que precisamos cuidar exclusivamente de nós, mas este não é o plano de Deus para as Suas filhas.

No texto de Romanos 12:1-2, citado acima, Paulo nos exorta a algo diferente, a renovarmos nossa mente e não seguirmos o padrão deste mundo. Este texto nos ensina ainda que ao estarmos disponíveis para servir como instrumentos nas mãos de Deus de forma sacrificial e racional, experimentamos a boa, perfeita e agradável vontade dele para nós. Podemos então compreender que se a nossa vida cristã se resume apenas a buscar e aprender, com enfoque egoísta, e não nos dedicamos a exercer nossos dons servindo ao Senhor e aos nossos irmãos, estamos renunciando a melhor parte.

O próprio Jesus afirmou que "Há bênção maior em dar que em receber" (ATOS 20:35). Isso nos ensina que quando nos colocamos à disposição de Deus para sermos usadas, servindo em nossa comunidade cristã com alegria, gratidão e fé, nos tornamos verdadeiras imitadoras de Cristo, que nos ensinou a importância do servir com Seu próprio exemplo. Também podemos experimentar uma profunda transformação espiritual e senso renovado de propósito e significado em nossas vidas.

Romanos 12:4-8 nos leva a compreender que todas somos importantes no corpo de Cristo e que cada uma tem um propósito especial e único. Portanto, que sejamos encorajadas a discernir e abraçar os dons que Deus nos deu, sabendo que o serviço na igreja é parte essencial de nossa adoração. Que possamos responder ao chamado de Paulo em Romanos 12:1 e oferecer nossos corpos como sacrifício vivo, santo e agradável a Deus, para assim o glorificarmos por meio de nosso serviço na comunidade da fé.

- LEIA: Romanos 12:1-8
- EXAMINE: Gálatas 5:13-14, Tito 3:8, Mateus 22:37-39
- REFLITA: É possível que eu tenha me acomodado em minha caminhada cristã e não esteja ouvindo o chamado do Senhor para servir? Como posso usar meus dons e talentos para abençoar minha comunidade de fé?

Oração

Senhor, agradeço a ti por poder encontrar conhecimento e conforto na Tua igreja. Que Tu possas levantar e capacitar cada vez mais pessoas para servir na Tua obra e que abras os nossos ouvidos para o Teu chamado. Capacita-me a ser uma boa serva, fiel para cuidar e multiplicar o que o Senhor colocou em minha mãos. Amém.

GLEYCE FARDO

É esposa de Francielo Fardo há 20 anos e mãe do Luca. Mora em Curitiba, é graduada em Administração de empresas e atua como síndica profissional. É membro da IBB, onde serve como coordenadora do Ministério Incluir Kids e líder de PGM. *"Eu sou escolhida para acolher e servir no ministério de inclusão."*

Embaixadoras de Cristo no trabalho

Agora, portanto, somos embaixadores de Cristo; Deus faz seu apelo por nosso intermédio. Falamos em nome de Cristo quando dizemos: "Reconciliem-se com Deus!".

2 CORÍNTIOS 5:20

Na origem, no paraíso, Deus trabalhou e depois descansou. "No sétimo dia, Deus havia terminado sua obra de criação e descansou de todo o seu trabalho. Deus abençoou o sétimo dia e o declarou santo, pois foi o dia em que ele descansou de toda a sua obra de criação" (GÊNESIS 2:2-3). Antes da queda, Ele designou o trabalho ao homem e à mulher e viu que tudo isso era muito bom.

Na narrativa bíblica o trabalho fazia parte da provisão, trazia significado e era colaborador do amor e do relacionamento. As tarefas eram realizadas em parceria com o Criador de forma digna, criativa, satisfatória e repleta de cuidado. Vivemos aproximadamente um terço de nossa vida trabalhando. Isso faz com que passemos mais tempo com as pessoas do trabalho, colegas, chefes, subordinados, fornecedores, clientes ou parceiros, do que com os nossos familiares, amigos ou irmãos da igreja.

Muitos cristãos tentam desassociar a vida profissional da pessoal e espiritual como se fosse possível separar papéis e escolher em quais deles Deus pode participar. Entretanto, somos convocados a ser embaixadoras de Cristo num conceito mais abrangente. Ser embaixador é uma função de grande prestígio e responsabilidade, pois ele é a maior autoridade de uma nação em território estrangeiro.

A nação de origem de um cristão está no Céu, no Senhor (VEJA JOÃO 17:16), e nossa residência aqui é provisória. Somos peregrinos e forasteiros (1 PEDRO 2:11), responsáveis por manifestar a vontade de Deus aos homens que, mesmo não lendo a Bíblia, poderão ouvir o evangelho da nossa boca, ouvi-lo em nossas mensagens e, principalmente, ver Deus por meio de nossa vida.

Mas como podemos fazer isso de maneira prática no nosso trabalho? A Conectando Business e Mercado a Cristo (CBMC) definiu dez atributos do embaixador de Cristo no mercado de trabalho. São eles:

1. Caminhar diariamente na intimidade com Jesus Cristo;

2. Ter relacionamentos responsáveis com outros cristãos;
3. Compartilhar a fé em Cristo na minha esfera de influência;
4. Ajudar outros a crescer espiritualmente por meio do discipulado;
5. Ter uma vida integrada com prioridades de vida adequadas;
6. Viver uma vida de generosidade;
7. Aplicar princípios bíblicos a todas as áreas da minha vida;
8. Manter um padrão de excelência com integridade;
9. Cuidar genuinamente das pessoas;
10. Viver o chamado de Deus em minha vida.

Com esses passos em mente, devemos relembrar diariamente de que somos embaixadoras de Cristo em tempo integral, trabalhando e descansando para a Glória de Deus hoje e sempre, até que retornemos à nossa nação de origem junto do Pai.

- LEIA: 2 Coríntios 5:17-21

- EXAMINE: João 17:15-23, Gênesis 2:1-25

- REFLITA: Quais dos atributos de embaixadora tem sido mais fácil de aplicar em sua vida cristã? Por quê? Qual atributo é o mais difícil de aplicar na sua vida cristã? Como você pode melhorar para desenvolvê-lo?

Oração

Pai amado, obrigada pela benção da salvação e pelas oportunidades que tenho de conhecer tantas pessoas por meio do meu trabalho. Usa a minha vida de forma integral, para que eu seja uma verdadeira embaixadora de Cristo no meu trabalho e onde mais Tu me levares. Em nome de Jesus, amém.

EMANUELE SOLYOM

É esposa do Rodrigo Ávila Solyom há oito anos e mãe do João. Mora em Curitiba, graduada em Administração de empresas e pós-graduada em Finanças, Planejamento Estratégico e Gestão de Projetos. É sócia fundadora da VBR Brasil e atua como responsável pelas áreas de consultoria e de avaliações. É membro da IBB, onde serve no ministério Lidera Mulher e no ministério de empresários Primeiro o Reino. "Eu sou escolhida para levar esperança de um futuro melhor, em especial para mulheres e empresas familiares."

Chamadas para viver o propósito de Deus

Quem sabe não foi justamente para uma ocasião como esta que você chegou à posição de rainha? ESTER 4:14

Somos mulheres chamadas para viver os propósitos que Deus tem para as nossas vidas. Pensando nisso, voltei-me para a Sua Palavra e encontrei muitas preciosidades que nos inspiram na busca do cumprimento do propósito para o qual Ele nos chamou enquanto estudava o livro de Ester.

Nossa busca deve ser motivada por inspiração e não comparação, pois esta é danosa e nos afasta do propósito, enquanto a inspiração conduz a uma motivação correta e desenvolvimento saudável. Os planos de Deus para as nossas vidas muitas vezes transcendem o nosso entendimento, tendo em vista que, na maior parte do tempo, olhamos para as nossas limitações e não para a grandeza dele.

Creio que todas somos chamadas, assim como Ester, para fazer a diferença onde estamos inseridas. Não se trata de ter os requisitos necessários para o cumprimento do propósito; a convicção que se faz necessária é crer que, se Ele nos chamou, também nos capacitará. É por graça, não mérito. É dependência dele, não das nossas habilidades. É confiança em Seu amor, bondade e misericórdia.

Assim como Ester assumiu um posicionamento de obediência sem olhar para a sua condição, quero afirmar que só viveremos e cumpriremos o nosso chamado se estivermos no lugar de obedecer. Essa postura nos levará a algumas situações desafiadoras, mas também trará profundas realizações e crescimento. Da mesma forma que Deus tinha um chamado específico para aquela rainha, Ele também tem algo singular para mim e para você, mas precisamos entender que todo chamado requer preparo.

Ester teve que se submeter a muito cuidado com o seu exterior para que se tornasse rainha, e quando já estava no trono e viu o seu povo ameaçado de destruição, dispôs-se a um tempo de jejum, humilhação e consagração, que também a preparou interiormente para conseguir o livramento do seu povo. Foi para aquele tempo que Deus a tinha colocado ali para cumprir o propósito dele. Da mesma forma, nós passaremos por processos em nossa caminhada até conseguirmos ver os desígnios de Deus sendo cumpridos em nossas vidas. Que possamos caminhar confiantes de que não nos faltará o favor do Senhor.

Deus preparou um caminho para que Ester andasse e vivesse coisas que nunca tinha imaginado e Ele também tem algo muito especial para você. A Palavra nos diz que "assim como os céus são mais altos que a terra, meus caminhos são mais altos que seus caminhos, e meus pensamentos, mais altos que seus pensamentos" (ISAÍAS 55:9), por isso, confie que o Senhor fará um caminho e a conduzirá. Como um Pai amoroso, Ele a tomará pela mão, ensinará e habilitará para que viva o lindo propósito preparado para você.

- LEIA: Ester 2–8
- EXAMINE: Isaías 55:8-13; Eclesiastes 3:1-8
- REFLITA: O que a motiva e inspira na história de Ester? De que maneira você entende que os planos de Deus transcendem os seus? Como você tem se preparado para viver o propósito dele para a sua vida?

Oração

Deus amado, em nome de Jesus te peço que me dês um coração obediente e disposto a viver o processo de preparo para cumprir o que Tu tens para a minha vida. Eu declaro que a minha dependência está no Senhor e que aceito viver os Teus lindos propósitos. Que tudo seja para a Tua glória, amém.

CARMEN ZDROJEWSKI

É esposa do pastor Silas Zdrojewski há 38 anos, mãe do Eduardo e da Vanessa, e avó do Matheus, da Laura e do Arthur. Mora em Curitiba, graduada em Letras Português/Inglês e em Teologia. É membro da Primeira Igreja do Evangelho Quadrangular (1.ª IEQ), onde serve como pastora, líder do Ministério de Mulheres, do curso Mulher Plena e idealizadora do Movimento Mães que vão Além. *"Eu sou escolhida para levantar mulheres a se posicionar e viver seu propósito em Deus."*

O propósito da missão no Reino

Nem todos que me chamam: "Senhor! Senhor!" entrarão no reino dos céus, mas apenas aqueles que, de fato, fazem a vontade de meu Pai. MATEUS 7:21

Você consegue imaginar a expressão dos discípulos ao ouvirem as duras palavras desta lição? Esse texto traz uma reflexão não só para os discípulos, mas para todos os cristãos. Nesta conversa, Jesus explica aos Seus seguidores que, muito além de obras magnânimas ou palavras bonitas, o Reino dos céus é povoado por homens e mulheres que fazem a vontade do Pai. Ou melhor, por filhos e filhas que trabalham juntos nos "negócios da família".

Às vezes, nos corredores das igrejas ou campos missionários, os cristãos se dedicam exaustivamente a cumprir a missão que lhes é proposta sem sequer conhecerem a vontade do Pai para sua vida pessoal. Alguns têm um forte propósito, sabem a razão de seu chamado, mas não conseguem alinhar com a missão da agência. Outros cumprem a missão, adaptam-se bem às diretrizes e desempenham seu papel na equipe, mas apenas participam de uma corporação, pois missão sem propósito é apenas uma tarefa.

O propósito da missão do Reino está relacionado ao chamado singular do Pai para cada filho e filha, com características e capacitações diferentes, mas corações igualmente direcionados à vontade soberana do Pai. Trata-se de um relacionamento de amor em que o prazer está em servir para ampliar o Reino, iluminando este mundo de trevas para que muitos conheçam e glorifiquem o Pai.

Na conversa narrada por Mateus, vemos que muitos perguntaram sobre os feitos realizados, tais como milagres, profecias e libertações. A terrível resposta final do Senhor é: "Nunca os conheci" (VEJA MATEUS 7:23). Isso revela o quanto o coração daquele que se dedica é mais importante que suas mãos. Uma mulher com propósito no Reino sabe que é filha, amada, escolhida e chamada para fazer parte de uma missão maior que sua própria vida.

- LEIA: Mateus 7:1-29

- EXAMINE: 1 Coríntios 12:1-31

- REFLITA: Qual é o seu propósito e missão? Seu propósito de vida é revelado no secreto de sua intimidade com o Pai, já a missão é realizada junto aos seus irmãos na igreja local ou onde Deus a enviar para ampliar o Reino dele.

Oração

Paizinho, muito obrigada por compartilhares Teus sonhos comigo e com minhas irmãs. Não permitas que o meu coração se engane ao te servir, mas que o amor e a santidade me mantenham alinhada ao Teu coração. Dá-me clareza no propósito e sabedoria na missão. Em nome de Jesus, amém.

SONIA CARDOSO

Mora em Curitiba, é graduada em Administração e Teologia, e mestra em Teologia. Atua no Terceiro Setor, lidera projetos sociais e faz parte do grupo gestor da igreja local. É membro da PIB Curitiba, onde serve como missionária no Campus Piraquara. *"Eu sou escolhida para pastorear, servir e proclamar as boas novas."*

Notas:

Notas:

As autoras

- Angélica Favreto
- Angélica Oliveira
- Angélica Vieira
- Ariane Chabaribery
- Bruna Fogaça
- Carmen Chabaribery
- Carmen Zdrojewski
- Carol Antonio
- Cassiana Tardivo
- Cristiane Costa
- Daniella Kirsten
- Emanuelle Solyom
- Fabiana Hillesheim
- Fernanda Proença
- Fernanda Toporoski

As autoras

- Giovanna Machiavelli
- Gleyce Fardo 
- Hedy Silvado 
- Janete Cardoso 
- Joceli Pereira 
- Kellen Madureira 
- Larissa Cesar 
- Laura Aragão 
- Mariana Neris 
- Mércia Machado 
- Paula Maynardes 
- Priscila Ferreira 
- Raquel Romagnoli 
- Reegiane Jenkins
- Ronitce Ferreira

As autoras

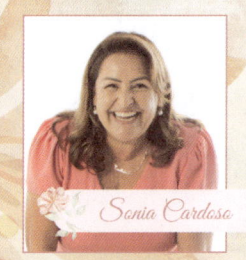

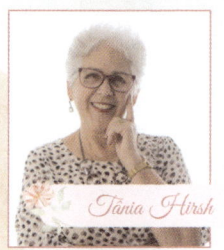

- Rozane Barros
- Silvana Calixto
- Silvana Constanski
- Silvana Piragine
- Sonia Cardoso
- Tânia Hirsh
- Tati Pinelli
- Vanessa Almada
- Vivienne Vilani
- Zuleica Sales
- Rejane Barragán — Organizadora
- Camila Vieira — Prefaciadora